有效教学与
名师优化课堂设计

翟雪曼 徐世贵 主编

天津出版传媒集团

天津教育出版社

图书在版编目（CIP）数据

有效教学与名师优化课堂设计 / 翟雪曼，徐世贵主编.
——天津：天津教育出版社，2014.7（2018年1月重印）
ISBN 978-7-5309-7656-2

Ⅰ.①有… Ⅱ.①翟… ②徐… Ⅲ.①课堂教学—教学研究—中小学 Ⅳ.① G632.421

中国版本图书馆 CIP 数据核字（2014）第 148491 号

有 效 教 学 与 名 师 优 化 课 堂 设 计
YOUXIAO JIAOXUE YU MINGSHI YOUHUA KETANG SHEJI

出 版 人	刘志刚
作　　者	翟雪曼　徐世贵
责任编辑	强　华
装帧设计	北京桃李不言图书有限公司

天津出版传媒集团

出版发行	天津教育出版社
	天津市和平区西康路35号　邮政编码300051
	http：//www.tjeph.com　电话(022) 23378389
经　　销	全国新华书店
印　　刷	北京永顺兴望印刷厂
版　　次	2014年7月第1版
印　　次	2018年1月第2次印刷
规　　格	16开（787毫米 × 1092毫米）
字　　数	214千字
印　　张	14
定　　价	29.00元

如发现此书有印、装质量问题、请与印刷单位联系调换。
联系电话：022-59219088

有效教学是教师一生的追求

名医一副方，名角一场戏，名师一堂课。有效教学是教师一生的追求。那么，教师怎样才能有效上好一节课呢？因素固然很多，认真备课，优化课堂教学设计，是其中不可忽视的重要因素。有效课堂源于有效备课。一个教师只有抓住了有效备课，优化课堂教学设计，才能抓住有效课堂的关键。有些教师的课没上好，很可能与备课不到位、备课不得法、教学设计简单粗放有密切的关系。

莫被传统禁锢思想，不为时尚放弃经典。在当前课堂教学改革和有效教学研究中，要处理好创新与继承的关系。世上不存在完美，所以任何事物都有改革的余地，改革创新是必要的。但是，教学改革创新不是对传统和现有的有生命力的教学经验全盘否定。在研究课堂教学中，我们不能只讲创新，不讲继承。让许多优秀教师完全放弃多年积累的教学经验，去完全照搬或者适应另一种教学模式未必是好事。对过去的经验每个教师要进行梳理，看看哪些东西需要改，哪些东西需要继承和发扬。只有"寓教于乐而又不沉迷于乐，自主开放而不空洞花哨"的有效课堂才能让我们"赢在弯道"上。

"要知河水浅，须问过河人。"实践是理论的故乡，名师是先进教育思想、教学方法、教育技术的载体。他融理论与实践于一体，是先进教育生产力的代表者。与教育理论相比，名师的教学经验更具有可操作性。本书提供了各个学科名师优化课堂设计的具体案例，他们都是省内外知名的中小学特级教师、骨干教师、学科尖子。在这里，有先进的教育思想，有对课程标准和教材的研读，有多年备课经验的积淀，有具体设计一节课的方法策略。这些既是一种示范，也是一种引领，能让你少走弯路，提高备课质量，保证有效的课堂教学。

　　本书编写力求通俗与可操作性。在写作上，一是引入大量的鲜活的典型案例；二是语言通俗易懂，力避高深与死板的表达。这里虽谈的是教育理论，但却是对教学经验的归纳与总结。总之，本书把抽象的理论通俗化、把教育科学的内容技术化，更注重实用性和可操作性。

编　者

目 录

● 有效教学前沿理念
　一、困惑中的课堂有效性研究 …………………………… 1
　二、有效性课堂的诠释 …………………………………… 2
　三、当前低效课堂的八种表现 …………………………… 5
　四、有效课堂源于有效备课 ……………………………… 8
　五、有效课堂与优化教学设计 …………………………… 10
　六、怎样优化教学设计 …………………………………… 12

● 名师优化教学设计案例
　案例一　读懂学生　以学定教 …………………………… 28
　　　　　——怎样优化设计一节数学课　董大方
　案例二　研读教材是备课的核心环节 …………………… 41
　　　　　——怎样优化设计一节语文课　关劲松
　案例三　以生为本　激活课堂　享受英语　全面提高 … 54
　　　　　——怎样优化设计一节英语复习课　吴春燕
　案例四　在思考中前行 …………………………………… 71
　　　　　——怎样优化设计一节物理课　李岩莉
　案例五　追求经典　力求深刻 …………………………… 83
　　　　　——怎样优化设计一节化学课　李文辉
　案例六　把握要素　实施有效备课 ……………………… 94
　　　　　——怎样优化设计一节生物课　唐重阳
　案例七　深挖掘　擅设境　重思考 ……………………… 105
　　　　　——怎样优化设计一节政治课　张红梅

案例八　用"心"备课　有备无患 …………………………………… 117
　　　——怎样优化设计一节品德与生活课　　张　岩

案例九　备课要贯穿在生活中的点点滴滴 ………………………… 129
　　　——怎样优化设计一节地理课　　于萍萍

案例十　心中时刻有目标是有效备课的关键 ……………………… 139
　　　——怎样优化设计一节历史课　　王立娟

案例十一　培养技能　灵活应用　备课解析 ……………………… 154
　　　——怎样优化设计一节信息技术课　　钱　蕾

案例十二　突出学科特点　抓住问题关键 ………………………… 167
　　　——怎样优化设计一节科学课　　矫　健

案例十三　备课既要重常规又要重创新 …………………………… 178
　　　——怎样优化设计一节体育课　　郭　林

案例十四　以音乐审美为核心　培养学生音乐素养 ……………… 189
　　　——怎样优化设计一节音乐课　　王　淼

案例十五　如琢如磨　精益求精 …………………………………… 199
　　　——怎样优化设计一节美术课　　范晓焕

案例十六　快乐随行 ………………………………………………… 211
　　　——怎样优化设计一节心理活动课　　马　婷

参考文献 ……………………………………………………………… 217
后　　记 ……………………………………………………………… 218

● 有效教学前沿理念

一节课是不是有效，不是看教师课讲得多么精彩和多么辛苦，而是看课堂上，学生究竟学到了什么？真正学懂了什么？能力有多少提高？真正感受到学习、成长的快乐和幸福了吗？

当下，有效教学、高效课堂已经成为很时髦的话题，提高课堂有效性、建构高效课堂似乎已成为当前教学研究的主旋律。那么，到底什么是课堂有效性？应该怎样科学地理解它的内涵？怎样从少数的专家研究转变成广大教师的自觉行动？怎样让课堂有效性从理论研究层面向实践操作层面转化呢？

一、困惑中的课堂有效性研究

今天，尽管提高课堂有效性的研究如火如荼，但是，提高课堂有效性的研究在理论和实践方面还是存在许多让人们困惑的问题。

◆关于课堂教学有效性的研究，专业人员研究的多，一线教师研究的少；理论探索的多，实践操作的少；盲目跟从赶时髦的多，冷静思考的少；单一孤立的因素研究多，整体综合的因素研究少。

例如，一位一线教师述说自己的困惑："很长一段时间，对新课程改革，对有效教学等一些新概念感到应接不暇，甚至无所适从。因此，更不能将新的理念运用到自己的教育教学上，难免会出现抵触情绪。对于理念，也许我们都能接受，但真正运用到实践中，可能需要更大的勇气……"持有这种观点的教师乃至校长可能不会是少数。

◆对概念的理解还处于模糊状态。什么是课堂有效性？课堂有效性的本质特征是什么？目前，专家学者对课堂有效性的理解还是智者见智、仁者见仁，莫衷一是。

◆多重概念，有效课堂、高效课堂、有效教学……大家不知道使用哪个概念更合适。

◆有效教学与实施新课程是什么关系？课堂教学是一种理念，还是一种实践活动？

……

看来，目前关于课堂有效性的研究还存在很多让人困惑的问题，需要我们进一步探索。

二、有效性课堂的诠释

这里先介绍专家关于课堂有效性研究的一些思考。

【崔允漷】教育学博士，华东师范大学终身教授、博士生导师，专业领域是课程与教学理论、课程规划与设计、课程评价、教师专业发展、比较课程论与教学论、国际与比较教育学。

崔允漷教授在《有效教学》一书中指出："所谓有效教学，就是在符合时代和个体积极价值建构的前提下，其效率在一定时空内不低于平均水准的教学。所谓'有效'，主要是指通过教师在一段时间的教学后，学生所获得的具体进步或发展。教学有没有效益，并不是指教师有没有教完内容或教得认不认真，而是指学生有没有学到什么或学生学得好不好。如果学生不想学或者学了没有收获，即使教师教得再辛苦也是无效教学。同样，如果学生学得很辛苦，但没有得到应有的发展，也是无效教学或低效教学。因此，学生有无进步或发展是衡量教学有没有效益的唯一指标。"

【余文森】教授，博士生导师，福建师范大学教育科学与技术学院院长，教育部福建师范大学基础教育课程研究中心主任。

余文森教授说："通俗地说，课堂教学有效性是指通过课堂教学活动，学生在学业上有收获、提高、进步。具体表现在：认知上，从不懂到懂、从少知到多知、从不会到会；情感上，从不喜欢到喜欢、从不热爱到热爱、从不感兴趣到感兴趣。课堂教学的有效性问题，最形象的隐喻就是穿越玉米地。第一，看谁最先穿过玉米地，那就是速度问题。第二，看谁掰的玉米最多，那就是谁收获最多、获得知识最多，那就是效益问题。第三个问题，看谁身上的伤痕最少，那就是安全问题。只有三个方面同时具备，课堂教学才是有效率的，才是有艺术性的，才实现了眼前利益和长远利益的有机结合，才真正走出了低效和无效的怪圈，才使有效教学上档次、有品位，我们才会在未来的竞争中立于不败之地。显然，课堂教学的有效性绝不仅仅限于教学的效率与效益，更不能将其窄化为'双基'和考试分数。"

【王敏勤】天津教科院基础教育研究所所长，全国"和谐教学法"研究会理事长，天津师范大学兼职教授，教育学硕士，天津市"十五"立功先进个人，他所研究的"和谐教学法"是目前国内实施素质教育的六大教学流派之一。

王敏勤所长认为，课堂教学的有效性是指在规定的课堂教学时间内，师生对既定教学目标的达成情况。这个定义有两方面的规定性：第一，时间的规定性。凡是效率问题都与时间挂钩，离开时间不能说明效率。我们提倡向课堂要质量，是指向40分钟(小学)或45分钟(中学)要质量，而不是向24小时要质量。也就是说，教师要在课堂上完成教学任务，而不是把课堂上的任务延伸到课前或课后，以所谓预习和作业的形式挤占学生课后所有的时间。第二，目标的规定性。凡是效率问题都要与目标挂钩，离开目标就无所谓效率。一堂课的教学目标要适度、明确并要告诉学生。学生只有清楚了一堂课的学习目标，才能与教师积极配合，高效完成任务。

课堂教学效率不是由单一因素决定的。我们一般谈课堂教学有四大要素，即教师、学生、教材、方法。这四大要素构成六种关系，即教师与学生的关系、教师与教材的关系、教师与方法的关系、学生与教材的关系、学生与方法的关系、教材与方法的关系。这四大要素、六大关系的和谐，就是和谐教学研究的主要内容。所以，提高课堂教学效率是一个系统工程。总结一下，可以归纳成"一二三四五"，即一个设想、两个支点、三个途径、四个问题、五个环节，简称为提高课堂教学效率的五大方略。

【吴正宪】特级教师，现任北京教科院基础教育研究中心小学数学室主任，国家教育部中小学教材审查委员会审查委员、全国小学数学专业委员会副秘书长、北京教育学院兼职教授。她坚持教书育人，注重学生创新精神的培养和健全人格的发展，使传授知识、启迪智慧、完善人格三者有机地结合起来，创造了孩子们喜欢的数学课堂。

吴正宪教授强调，课堂教学的实效主要是指课堂教学整体的效果，它至少应该包括几个具体方面的问题。例如，制定的教学目标是否符合学生和教学内容的实际，定位是否准确，教学内容的选择是否符合学生的认知规律，是否充分有效地利用了教学资源，教学中是否通过为学生创设现实的有价值、有意义且富有挑战性的学习环境，调动起学生的学习兴趣和求知欲望，促进学生积极主动地探索知识，教学环节的设计是否关注了学生参与学习的过程，是否进行了有效的自主学习、探究学习、合作学习，课堂教学中是否通过有效评价与有效调控，因材施教，促进不同学生的反思与进步，帮助学生体验成功，建立自信，课堂教学是否关注基础知识、基本技能的落实，教学中教师采取的教学手段和教学方式是否有利于每个学生在原有的基础上有所提高，是否为学生的发展注入后劲。

追求高质量的教学质量，讲求高质量的课堂效率是落实课堂教学实效性的基本保证。换句话说，具有实效性的课堂教学一定是追求高质量的教学过程，具有实效性的课堂教学一定是讲求高效率的教学过程。

高质量的课堂教学既要关注教师教的质量，又要关注学生学的质量，二者缺一不可。高质量的课堂教学必须讲求课堂教学的高效率。教师要有"课堂成本意识"，要处理好"投入"与"产出"、"长效"与"短时"、"可持续发展"与"当前利益"的关系。提高学生的学习质量不能以牺牲学生的身体健康为代价，加班加点、题海战术、机械训练的方法是不可取的。这样的教学即使获得了一点利益，比如学生的考试成绩暂时提高了，但学生身心疲惫，失去兴趣和热情，这不是我们提倡的"实效性"。教师要在单位时间里高质量地完成教学任务，必须用关注学生全面可持续发展的理念实施教学。

什么是课堂有效性？通过专家的分析，结合我们的思考，我们认为：课堂教学的有效性是教师遵循教学活动的客观规律，以尽量少的时间、精力和物力投入，而产生的一种极佳的教学效果，从低效课堂甚至负效课堂→有效课堂的探索，进而实现课堂高效，旨在发挥45分钟的时间效能，尽可能不浪费每一分钟。课堂目标：学会知识→提高基础学习能力→提高终身发展能力。实现课堂真正意义上"质"的提升，课堂即成长，既成长知识能力，也成长精神创造。课堂的真正奥秘在于"学习能力",只有会学才能减少对"教师"和"教"的依赖。因此,教师敢于把课堂还给学生,突出学生的主体地位,我的课堂我做主,让学生去"经历"并且"经验",学习的过程才会充满生命的律动。

有效课堂的基本特征包括:

一是学生学习。教学活动满足了学生的学习需要,学生学习有兴趣,主动积极,面向全体,又体现差异,参与面广。

二是教学效果。学生在认知上,从不懂到懂、从少知到多知、从不会学到会学,教学活动的结果与预期的教学目标相吻合。这种效果不是以牺牲学生的身体健康、心理健康及良好的精神状态为代价换来的。

三是教学效率。看教师的"成本意识",师生是否用尽可能少的时间、精力和物力投入,而取得尽可能多的学习效益。正如下面这个公式的表述:

$$教学效率 = \frac{有效教学时间}{实际教学时间} \times 100\%$$

四是教学魅力。能够吸引学习者继续学习,促进全体学生的素质和个性的最优化发展,即反映在学生的学习成绩与学生的学习兴趣的关系。不仅看暂时成绩,更要看兴趣培养和学习后劲。其实,一个优秀的教师,一堂高效的课,以及随之产生的学生的良好的学习兴趣和学习习惯,是我们所无法估量的。

三、当前低效课堂的八种表现

有人对课堂教学现状曾做过一项调查,统计结果如下:

魅力课堂(占5%)
优质课堂(占10%)
高效课堂(占10%)
有效教学(占35%)　　　　　合计60%

低效课堂(占25%)
无效课堂(占10%)
负效课堂(占5%)　　　　　　合计40%

当前课堂教学现状的七种水平

从这个调查可以看到，目前中小学教师的课堂教学现状并不乐观：能称得上魅力课堂、优质课堂、高效课堂的只占25%，有效教学占35%，而低效、无效、负效的课堂教学还占40%。而来自教研部门的大量调研也证明：在一些中小学，无效的课堂教学现象是普遍存在的。有些课堂时间有效利用率只有70%，也就是说，一堂课只有30分钟左右是充分利用的，其余时间都在不知不觉之中浪费掉了。所以，提高课堂教学有效性的研究已是刻不容缓。

那么，这些低效无效的课堂都表现在哪里？产生的原因是什么？显而易见，搞清这些问题，对教师有效备课是大有裨益的。

据笔者多年在中小学课堂听课评课，以及开展教研培训中所了解的情况来看：目前，中小学课堂教学低效率有许多具体表现。这里，着重谈谈八种突出的表现。

(一)教学目标的盲目性

我们知道，对教师教学来说，教什么比怎么教更重要。方法为内容服务是目前课堂教学较为普遍的现象。很多教师在教什么还没弄明白的情况下，就试图通过研究怎么教来提高教学效益，其结果必然是事倍功半。所以，教师要成功地上好一节课，教学目标的确立十分重要。但是，现在许多教师恰恰不重视教学目标的确立和研究，从而使课堂教学陷入盲目性。关于教学目标的确立，存在着以下几个主要问题：目标含糊不清，定位不准；目标确定太高，学生够不着；目标油水分离，缺乏整合；目标残缺不全；目标确定太多，完不成；目标确定太死，无差异。

(二)学生学习的被动性

我们千万次地问：什么是一节好课？一节好课的一个重要标志是：追求学生课堂上的成功，而不是追求教师课堂上的表演成功。但是，现在许多教师上课还是一讲到底满堂灌，不给学生自读、讨论、思考、交流的时间。为此，必须做到：以教代学，教师主宰课堂；不折不扣地执行教案；把表演当精彩；把听懂当学会；把讲完当学完。

(三)教师作用的虚化性

目前，有的教师课堂从一个极端走向另一个极端——听其自然，不计实效，该讲的不讲、该练的不练、该问的不问，教师的主导作用被淡化、虚化了。主要问题包括：备课不充分；方法单一；该引领不引领，该释疑不释疑，该纠正不纠正。

(四)课堂训练的无序性

俗话说："拳不离手，曲不离口。"训练是一个人掌握知识、形成技能，由懂到熟、由熟到巧的必由之路。学生的学习也是如此。没有训练就没有过程，没有训练就没有能力，没有训练就没有积累。但是，如今课堂训练大有被忽略的倾向。主要问题包括：重讲轻练；重点轻面；重量轻质；重旧轻新。

(五)课堂提问的低效性

课堂提问是一种重要的课堂教学策略，但只有那些设计科学合理又很巧妙的提问，才能发挥以上作用。那些肤浅、平庸的提问，零敲碎打、互不联系的提问，单调、陈旧且有些八股式的提问，对教学不仅无益，而且有害。据调查，目前中小学一般教师平均每堂课的有效提问仅占56%。主要问题包括：大——不着边际，没有梯度；浅——没有难度，没有挑战性；滥——问题满天飞，存在随意性；窄——面向少数，先叫人后提问。

(六)课堂组织的松散性

课堂组织的松散也是造成课堂效率低的一个重要原因。主要问题包括：活动目的不明确；活动内容太多；活动组织不好；时间观念不强；管教不管导。

(七)课堂调控缺少反馈性

只管教，不顾学，教学信息反馈不及时，教师一厢情愿，导致课堂陷入盲目状态。例如，在数学课上，有的教师在让学生练习后对习题作了分析。但是，分析后只是让做对了的学生举手。至于哪些学生做错了，错在哪里，分析后懂了没有，怎么解决这些孩子的"不懂症状"，教师没有下文，这会让学困生越学越困惑。

(八)教学手段形式化性

多媒体教学可在瞬间展示大量突破时空局限的生动形象的资料，有效地激发学生的学习积极性，其积极作用是毋庸置疑的。但如果用得过多，不但起不到应有的作用，反而会分散学生的注意力，影响教学效果。主要问题包括：分散了注意力；淡化了示范；增加了教学成本。

造成低效课堂的原因可能是多方面的，如应试教育的干扰、教师素养低下、学校教学管理不善等，解决课堂教学有效性的问题也要做很多方面的工作。但是，笔者认为，加强学校对教师的备课工作的研究和管理是最好的举措。

四、有效课堂源于有效备课

有效课堂源于有效备课。一所学校只有抓住了有效备课，才可能抓住有效课堂的关键。有些教师的课没上好，很可能与教师备课时间不足、备课不充分、备课不到位、备课不得法、备课不深刻有密切的关系。

功在课前，效在课上。每一位教育行家都懂得：提高教学质量，关键靠课堂，向45分钟要质量。正所谓抓住课堂，满盘皆活。但是，怎样才能有效地提高课堂教学质量呢？诗人在谈到做诗的经验时说："功夫在诗外。"这话颇耐人寻味。那么，当我们谈到备课与上课的关系时，可不可以说"功夫在课外"呢？仔细想来，同样有道理。

▲特级教师曹晓红说："上课与备课的关系相辅相成，有怎样的准备，就有怎样的发挥和怎样的效果。"

▲杨再隋教授说："语文课出现了'虚'、'闹'、'杂'、'碎'、'偏'的问题。如果这些问题带有普遍性的话，我认为问题首先出在备课上。"

▲特级教师张子锷说："我教中学物理50年了，同教三个班，课已讲了150遍。但是，如果不备课，我还是不敢上课。"

▲一次，北京市特级教师陈毓秀讲《战国七雄》一课，极为精彩。课后，有人问她："这节课用了多少时间备课？"她回答说："要说时间长，我准备了一辈子；要说时间短，我准备了15分钟。"

▲特级教师斯霞说："要上好课，首先要备好课。我常常把备课比作指挥员在组织'战役'，我总是反复推敲，直到有了自己认为比较满意的设计方案为止。"

▲特级教师于永正说："关于备课的重要性不必说了，反正没备课或者课备得不充分时，我是不敢进课堂的。"

……

备课质量关系师生负担。我们知道,"备课——上课——批改——测试——辅导"是教学过程的几个主要环节。要提高教学质量,关键是上好课,向45分钟要质量。而要上好课,关键是首先备好课。所以,只有教师认真备好课、上好课,才能减轻学生的课业负担,以较小的代价换取较大的成果,进而形成良性循环。

而在违背规律的教学情况下,教师的工作重心出现本末倒置现象。他们没有把更多的时间和精力用于认真备课,上好课,而是把主要精力和时间放在批改、课后辅导和应付频繁的考试上,这就造成了教学过程中的恶性循环。

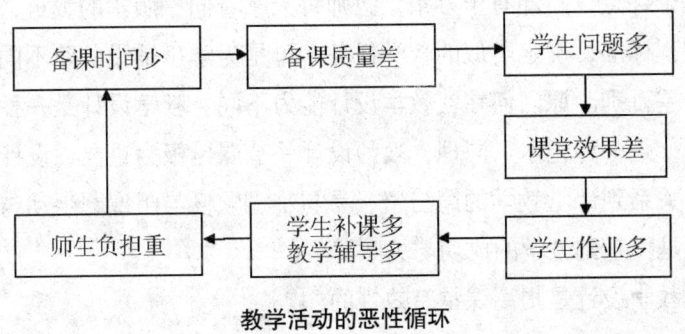

教学活动的恶性循环

所以,减轻师生负担的关键是变教学过程的恶性循环为良性循环。教师应在备课、优化课堂设计上下一番苦工夫。课前勤一点,课上懒一点,总体上就会用较少的劳动投入取得较好的教学效果。

"两眼一睁,忙到熄灯。"在平时的教学中,我们经常看到语数英、理化教师整天埋在作业堆中,搬完这座山又忙着搬那座山,一天的大半时间用于批改作业,纠错辅导,再加上上课及处理其他一些繁杂的琐事,用于备课的时间可以说是寥寥无几,简单熟悉教学内容之后就凭经验匆匆上阵。第二天上课,又继续忙碌于改作业,辅导学生。日复一日,年复一年,青丝堆雪却依然劳而无功。有效教学的前提是教学资源配置的有效性,其次才是教学资源使用的有效性。时间是教师最重要的教学资源,但这种资源的分配运用却极不合理。教师大量的时间用于改作业、辅导学生,却很少有时间进行备课。教师只有合理有效地分配自己的时间,重视备课,才会有效地提高课堂教学效率，收到事半功倍的效果。备课上多花一分钟，就会节约每个学生一分钟甚至几分钟，而作业上多花一分钟，只会节约一个学生一分钟。

这里有一组数据：56%的教师认为集体备课深度不够，备课时间花在统一进度、统一重点难点和教学方法选择上；71%的教师认为事务性工作太多，在校没有足够时间备课；82%的教师认为传统的教案检查方式不科学，缺少有效的验收标准，劳而无功；85%的教师反映在查找备课资料方面花费的时间、精力太多，学校没有完备的教学资源库。这组调查数据显示，当前教师备课的效率还不是很高。

五、有效课堂与优化教学设计

同一个终点，路却有千万条。教师每天拿着同一版本的教材，按照同一版本的课程标准，确定类似的教学任务，可是为学生铺设的路不同，目标实现也就千差万别。原因何在？教学设计能力不同。教学设计是一种智慧，是一种创新，是一种艺术。同理，教师设计一节课也极为重要，设计得巧妙与否，直接关系到课堂教学的简与繁、易与难、顺畅与阻塞、生动与枯燥。简言之，就是关系到教学的成功与失败。

(一)教学设计是提高课堂有效性的"坎儿"

有位教师深有体会地说："一堂堂精彩的课背后到底隐藏着怎样的故事？为什么同样的一个教学内容，在大师们的手中却能演绎得如此精彩？而当我们去驾驭的时候，却往往不尽人意，产生很多遗憾，甚至失败！从根本上讲，要上好一堂课，就要进行有效的教学设计。在这一点上，我是很惭愧的！教了二十年的书，我没找到驾轻就熟的感觉，反倒是越来越觉得力不从心，好像从来没上过课一样。面对几十双天真的眼睛，有时真的感到很惶恐，不知能不能无愧于学生喊出的'老师'这个称呼？其实，批评孩子的同时，自己心里也在琢磨：怎么会出现这样的错误呢？也许真的是自己的失误造成的，是不是没有好好安排教学内容、没有好好设计学生的学习活动及学习方式、没有更进一步去了解教学内容背后更深层次的学科文化，让自己的课堂苍白无力，没有生命力，没有吸引力？如果真的存在这些，那自己真的是有愧于'老师'这一称谓，也就谈不上让学生得到长足的发展了。"

从这位教师的困惑中可以看出：教学设计是教师专业成长的一个制高

点，也是教师教学工作的"瓶颈"，是教师提高课堂有效性的"坎儿"。是名师还是庸师，通过教学设计就能看出其差异，分辨其水平高低。要提高课堂有效性，要提升教师的专业化水平，必须从优化教学设计做起。

目前，课堂教学设计常见的问题包括：

1. 课标把握不准，教材挖掘不深，教学目标不明确，教学内容组织处理不当，突出问题是内容贪多，面面俱到。

2. 对学生了解、关注不够，教学脱离学生实际，教师一厢情愿。

3. 设计肤浅，平淡无奇，唤不起学生的学习兴趣。

4. 教学方式单一陈旧，学生学习被动无兴趣，不能充分发挥学生的主体作用。

5. 教学设计追求形式化、表面化，看似精彩，实则效率低下。

(二)优化教学设计是提高课堂有效性的根本

优秀教师都十分重视教学设计。特级教师李吉林说："教学确实是需要设计的，它就像建筑房屋一样，没有设计、构架，怎能施工？我自己教了几十年小学语文，深知其中所下的工夫。其实，我非常重视教学设计，喜欢翻来覆去修改、调整，不喜欢'一锤定音'，即使牺牲个人休息时间，也乐此不疲。因为设计的优劣，直接关系到质量的高低。"

还有一位老师说："每个假期，我总把课文通读二至三遍，了解重点、难点。备重点时，我要反复细细体味，记下许多零散笔记，然后归纳总结，再去琢磨教法。有时，一课书在我头脑中孕育许多天，设计多种教案，总是反复推敲才定下教案。"

什么是教学设计？所谓教学设计，是指课堂教学的设想和计划。它是为了实现一定的教学目标，依据课程内容主题、学生特征和环境条件，为促进学生的学习和发展而设计的解决教与学问题的一套系统化程序的过程。主要有这样几个特点：

一是规划性。课堂教学设计实际上是对整个教学过程的各项工作做一个规划，是教师课堂教学的基本构思。

二是前瞻性。在做教学总体设计时，教师通过思考、预测教材内容、学习环境、教师的行为可能引发的效果、学生可能做出的反应，借助于想象拟出操作蓝图。例如,如何组织处理教材?如何组织学生思考?教学时会碰到什么问题?

三是创造性。教学是一种创造性劳动。一份优秀教案是设计者的教育思想、智慧、动机、经验、个性和教学艺术性的综合体现。设计者必须巧妙构思、大胆创新,课堂教学才能常教常新。所以,教学设计是一个创造的过程。

六、怎样优化教学设计

教学设计的基本要素。怎样设计一节课?很难找到一个万能的方法供所有人使用。但是,无论哪位教师设计教学都应考虑以下几种基本要素:

(一)明确设计思想——解决为什么教

观念决定思路,思路决定出路。教师要设计好一节课,首先应用一种先进的教育理念做支撑。不是单纯教知识,而应当以教学生智慧、方法、人格为核心。

北京市中关村第四小学校长、全国小学数学名师刘可钦说:"我每天的工作进入一个循环程序:备课——上课——改作业——备课。由于重复,显得单调乏味。忽然,有了一次讲公开课的机会,备经典课就成了一段日子里的一项重要工作。经过一次次试讲、一次次修改,到了正式上课时,那份激情早已被磨灭。这是因为,大脑里装的都是教案里的程序和过渡语,对学生表现出的意外问题,唯一的处理原则就是:尽量淡化,以免节外生枝。课自然顺溜溜地上了下来,但课后自己总觉着缺了点什么。上这样的课,在备课时,我首先想的是'我怎样讲'。所以,备出来的课也是围绕'教师怎样讲'展开的,一节课最终要以能够顺利地完成预定程序为立足点,由此带来的一些课堂教学中的按部就班、一问一答也就不奇怪了。所谓精彩,往往源于教师个人的素质和一些精美的课件,而缺乏的正是那份围绕某个问题引导学生与学生、学生与教师之间的一种互动、对话和交流,这些课堂本质的东西恰恰是最容易丢掉的。由此我想到,把备课称之为教学设计,更能让人在备课之时、上课之前,就感受到课堂教学中的一种智慧的涌动、心灵的对话。因此,注重备课的老师,想的是'我怎样讲书上的知识',却很少去考虑'学生怎样想';而把备课工作首先作为一种教学设计的老师,会把'教'放在如何引领学生去'学',为学生设计一些学习材料,设计一些有挑战性的问题,放手让学生去学习，鼓励学生在交流中、在不同观点的碰撞中掌握知识，从而获得能力上的发展。"

(二)分析教学背景——整体把握教材

做到五个弄清：一是弄清课程标准精神；二是弄清教材体系；三是弄清教学重点、难点；四是弄清教材特点；五是弄清教材疑点。要切实解决"教什么"、"选什么"、"教什么最好"、"教到什么程度"、"采取什么呈现方式"等问题。

(三)读懂学生——直面学生现实

教师在课堂上讲什么当然是重要的，然而学生想什么更加重要。教师要上好课，既要钻研教材，又必须了解学生，掌握学生的学习情况，做到目中有人。了解学生包括了解班级情况、了解学生的自然情况、了解学生的学习基础(已有知识、学习新知识的准备知识、新课可能产生的困难和障碍、起点能力、对新课程兴奋点等)。

(四)确定教学目标——明确教学重点、难点

方法上的困惑往往源于目标上的迷失。教育的核心问题是培养目标问题，它既是出发点也是归宿，一切教学都是围绕它展开的。而"学有所得"是一堂课的基本要求，也是一节课成功与否的底线。如果教师上一节课连起码的教学任务、目标都不明确，他又怎能将课上好呢？有这样一个课堂实例：在一堂数学课上，老师为了给学生讲解"对称"的概念，在课下准备了大量的京剧脸谱。在课堂上，老师用幻灯片给学生一一演示，并告诉学生，这就是"国粹"。最后，老师问学生："国粹是什么？"有的学生摇摇头，有的则大声地说："国粹就是鬼脸。"

为什么学生面对老师精心设计的提问无言以对或胡乱应对？根本原因就在于教师的教学目标设计脱离了学生的实际。教师必须直面学生的实际，准确把握教学目标。要多从学生已有的知识基础、生活经验、认知规律和心理特征出发来设计教学，找准教学的起点、突出教学的重点、突破教学的难点、捕捉教学的生长点，从而使教学目标切合实际。

(五)分析动态课堂——预设课堂，生成精彩

有一位教师在讲《朱德的扁担》一课时，学生提出这样一个问题："参加

红军的都是穷人,穷人念不起书,那他们怎么会认识扁担上的字呢?"对于这个问题,教师备课时根本没想到,自然有点紧张。不过,她马上平静下来:"这个同学这个问题问得好。同学们都想一想,这是为什么呢?"教师这样反问,把问题从教师身上转移到学生身上。学生通过思考,纷纷发言,"红军上夜校","红军自学","红军向首长请教"……这时,教师心中也有谱了,便总结说:"是红军一边打仗,一边学文化,所以就识了很多字。"这堂课的突发问题得到妥善处理,正是因为教师正确处理了课堂的生成。

我们知道,教学本身是一个有目标、有计划的活动,教师理应在课前对自己的教学任务有一个清晰、理性的思考与安排,教学设计的过程就是一个预设。可以说,没有充分的高质量的教学预设,就不可能会有十分精彩的生成。但是,预设并不意味教师要包办代替,这种预设应该是有弹性、有留白的预设。这是因为:一方面,学生是学习的主体,教学过程本身是一个动态的建构的过程,这些是由学生的原有经验、知识结构、个性等多方面的复杂性与差异性决定的;另一方面,教师不可能预知教材、学生、课堂的所有问题。所以,教师在备课的过程中,充分考虑到课堂上可能出现的情况,从而使整个预设留有更大的包容度和自由度,给生成留足空间。只有这样的课堂,才能生动活泼、生成精彩。

所以,进行教学设计时要分析动态课堂,考虑预设与生成两种因素。

(六)设计流程——优化教学过程

楼房有楼房的结构,文章有文章的结构,课堂有课堂的结构。课堂结构就是指一节课的组成部分及各个部分之间的联系、顺序和时间分配。课堂结构设计也就是把教学的有关因素组织在一起,按最优化的原则排列组合,从整体上设计一节课。课堂结构设计也称课堂环节、课堂流程、教学过程设计。教学设计的一切研究成果是要靠教学流程来实施和实现的。

那么,怎样优化课堂结构的设计呢?

1. 优化课堂导入设计

一台好戏演好序幕,一篇新闻写好导语,一部乐章奏好序曲。先声夺人,能激发人的兴趣、吸引人的注意力。同理,新奇多趣、引人入胜的课堂导入,能把学生带进一个跃跃欲试、美不胜收的学习天地。

什么是导入？所谓导入，是指教师在一个新的教学内容或教学活动开始时，引导学生进入学习境界的语言艺术与行为方式。课堂导入有很多功能：一是能诱发学生的学习兴趣；二是能集中学生的学习注意；三是能引入教学的主题；四是能开启学生的思维。

教学没有固定的模式，教学的对象、内容不同，导入设计也会有所不同。即使是同一内容，不同教师也会有不同的处理方法。下面，就介绍一些课堂导入设计的类型和方法。

(1) 开门见山，揭示新课

这是针对教材特点，直接揭示学习目标。这种导入的特点是"短平快"，省时，接触新课主题迅速，能及时起到组织学生进入学习角色的作用。

魏书生老师在语文教学中，时常运用这种方法。他说："导语设计得好，也能激发学生的爱好，使一堂课有个良好的开端。如《论语六则》这课书的导语，我这样说：'火之光、电之光，能照亮世间的道路；思想之光，能照亮人的精神世界。谁是世界上最伟大的思想家呢？联合国教科文组织确定了全世界最伟大的十位思想家，例如牛顿、哥白尼……谁知道这十位思想家谁排在第一位？他就是我们中国的孔夫子。'这么一说，学生们学《论语六则》的兴趣便浓了一些。"

(2) 联系旧知，提示新课

在教学过程中，一般来说，新知识是在旧知识的基础上的发展与延伸，学生是从旧知识中起步迈向新知识的掌握。教师要从已有的知识出发，抓住新旧知识的联系，精心设计，导入新课。这样一来，就可以使学生感到旧知识不旧、新知识不难，建立起新旧知识的联系，明确学习的思路，增强学习的信心。例如，有位老师在讲解 $32 \times x=800$ 这道题时，把旧知识 $x \times 75=1800$ 这道题也写在黑板上，然后提示学生："这两道题的相同点是什么？不同点是什么？根据异同点分析，你能大胆解答 $32 \times x=800$ 这道题吗？"这里，老师的导入，通过学生对新旧的联系对照，起到了承上启下、引导过渡的作用。

(3) 巧设悬念，引人入胜

教师要善于创设问题，以奇特的形式设置悬念，使学生的大脑产生兴奋，迫切想知道其中的奥秘。教师及时抓住这一契机，揭示新课。例如，下面的地理课讲授"比例尺"的导入设计就是这样。

一上课，老师就问："哪个同学的爸爸妈妈或叔叔阿姨要出差？"七八个同学举手，老师指定一名调皮同学小王回答："我们隔壁的陈叔叔明天出差到成都。"老师说："你学过地理，你给我查一查地图，重庆到成都有多少公里？其他同学也帮着查。"地图上根本没有标出重庆与成都的距离，大家查了一阵，都查不出。全班陷入沉默。从那一对对微微皱起的双眉，看得出孩子们为难了。他趁机将孩子们心头的乌云一拨："没关系，只要你们听了我下面讲的，保证你能查出来，因为地图上有'比例尺'……"教师板书课题"比例尺"。

这个导入设计的巧妙就在于使学生产生一种"打破砂锅纹（问）到底"的思想，急于求得答案，这就激发了学生的求知欲和学习兴趣。

(4) 动手操作，亲身体验

别人说十遍不如自己做一遍，学生亲手操作演示的东西，因为有切身实践，往往体会深刻，有助于激发悟性，增强思维力度。如讲授摩擦力时，教师先拿出盛米的玻璃瓶放在讲台上，并拿出两根筷子，看谁能巧妙地用筷子把米瓶挪到桌子另一端。有的学生用筷子来夹，也有的聪明的学生试着用一根筷子插入米瓶当中，最后竟用一根筷子把米瓶提起来。这时，教师问："为什么一根筷子能把米瓶提起来？原来是摩擦力帮了大忙。什么是摩擦力呢？它有哪些作用和特点？现在，我们就来学习这个问题。"这样导入，学生有亲身感觉，学习起来注意力集中，记忆准确。

(5) 利用游戏，创设情境

教师可以巧妙地利用猜谜、游戏、表演、朗诵等多种形式来创设情境，以此来进行课堂导入。让学生由游戏开始参与教学活动之中，有助于激发学生的学习愿望和学习兴趣。如下面这个"商品标价"的新课导入就是沈雨萍老师运用游戏创设情境的方法设计出来的。

（音乐）师：小朋友，今天，小灵通带我们去参观"红领巾小商店"。

（投影）小商店到了，你们看，小商店有些什么东西呢？

指名回答。

教师：这么多的东西，你想买吗？

出示：1.50元

教师：你知道这支铅笔多少钱吗？（学生回答）

出示：各种东西的标价。

教师：这些商品标价怎么读、怎么写，就是我们今天要学的本领。

这个设计符合低年级学生的特点，通过创设情景，让学生去购买商品。当他们不会买、不会读商品的标价时，他们的求知欲就激发起来了。

(6) 故事引入，启迪思考

小学生天性喜欢新奇的事物，喜欢听故事。如果教师能抓住学生的这一心理特点来进行导入设计，也会取得理想的效果。例如，在讲授"加减法的一些速算法"时，引导学生认识到：同一道题用不同的方法进行计算，花费的时间大不一样，应用简便方法进行运算可以提高计算速度。有位老师上课伊始，给学生讲述了这样一个故事："高斯是德国数学家，他小时候喜欢数学，10岁的时候，老师出了一道题，1+2+3+4+…+99+100=？当别的孩子动笔算的时候，小高斯却已算出得数是5050。同学和老师感到很惊讶。你们知道高斯为什么算得又快又对吗？原来，他采用了简便方法进行计算。后来，高斯成为一个大数学家。今天，我们就来学习'加减法的一些速算法'。"这样的导入就激发了学生学习的积极性。

(7) 审题入手，提纲挈领

我们知道，有些课文的标题就是这节课的"窗口"，也是教材内容高度的概括，从课题的标题就可窥知全文的"奥秘"。所以，从审题入手就能揭示一课的中心主题或重点、难点。

例如，有位老师在教《狐假虎威》一课时，是这样设计导入的：

第一，板书课题，在"假"字下加着重点。问学生："狐"指什么？"虎"指什么？

第二，学生查字典，思考：

◆"假"字有几个读音？有几个含义？（jià 假期，请假。jiǎ ①跟"真"相反；假话；②借用，利用；假借。）

◆"狐假虎威"中的"假"怎么读？怎么解释？这个题目是什么意思？（狐狸借老虎的威风）

上面这个导入设计从审题入手，很容易引导学生抓住课文的重点和难点，也容易揭示这一课的中心思想，为上好这一课奠定了基础。

(8) 直观演示，提供形象

实物、标本、教具(挂图、模型、投影片、幻灯片、电影、电视等)比形象语言更有说服力和真切感。展示挂图、实物、标本、模型等，可以化抽象为具体，不但为学生提供生动形象的感性材料，而且也为他们积累丰富的感性经验。直观演示可以鲜明地揭示客观事物之间的关系，对于引起学生学习动机、增强感知更有直接作用。

因此，教师可对一些抽象的概念，在导入时多提供具体事例，创设演示直观教具机会，这将有助于学生对概念的理解。例如，有位教师在讲生理卫生课中骨的构造时，先发给学生已经锯开的长骨(棒骨)让学生观察。在观察时，教师说："大家在观察时，注意思考下列问题：①骨端和骨中部的结构是否一样？②长骨骨质的外面有什么样的结构？这种结构存在的部位如何？③骨腔中有什么物质……"这种导入，教师是利用了直观演示、联系、对比等多种方法。

(9) 补充知识，唤起联想

这种方法是通过讲一个故事，打一个比方，解释一个典故，引用一句格言，介绍作者的一段生平轶事等进行导入。如有位老师在讲《骨气》一课时，先引用了文天祥的这句诗："人生自古谁无死，留取丹心照汗青。"这就引起了学生的极大兴趣。

(10) 群策群力，学生登台

为了把课堂导入设计得更好，老师也可以发动学生开动脑筋，提出建议，乃至可以让学生上台当老师，做课堂导入示范。

导入设计无论是哪种类型，都应注意以下几个问题：

第一，求精，有概括性。导入只是引路，开启思维，突出教学重点，诱发学习兴趣，而不是正式讲授新课。因此，要切中要害，言简意赅，而不能庞杂、繁琐、冗长。有的教师在让学生复习前次概念时拖占时间较长，也有的教师在介绍课文的时代背景和作者时随意发挥，没完没了，这样喧宾夺主，会降低课堂教学效果。

第二，求思，有针对性、启发性、可接受性。不管哪一类型的导入设计，都要有针对性、启发性、可接受性。所谓针对性，是指导入设计要根据教学目的而确定，围绕教学重点、难点来设疑，而不能跑题。启发性是设计有思考余地，能引起学生的积极思考。可接受性就是问题设计要适合学生的年龄特点、深浅适中，既不使学生感到高不可攀，也不使学生感到索然无味。

第三，求巧，有趣味性。导入设计要简练而概括，但形式应多种多样，巧妙自然，新颖独特，切忌老生常谈。即使是几句话的导语，也应尽可能设计得含蓄有趣、生动活泼。但也不能故弄玄虚、哗众取宠。

第四，求准，有科学性。导入设计不可模棱两可、含糊其辞。导入的用语和形式都应恰当准确，设疑、引证、说明、比喻等都要明确、精当，不能产生歧义，使学生思维准确地进入轨道。

2. 优化新授设计

新课教学设计是一节课的主体部分，也是最精彩的部分。

这一部分设计得好坏决定一节课的成败，教师要高度重视新课的教学设计。怎样进行新课教学的教学设计呢？可以重点考虑以下几个问题：

(1) 抓住主题，理清思路

设计任何一节课，教师必须在充分理解教材的基础上做到中心突出，主题鲜明，抓住重点。而且要理清思路，设计好层次。例如，窦桂梅设计的《秋天的怀念》这节课的基本框架如下：

教学预设：

1. 在"秋天"的回忆中，理解"母爱"的内涵。
2. 在"怀念"的情意中，感受"爱母"的思绪。
3. 在"秋天的怀念"中，获得"自己"的思考。

教学层次：

感受"娘俩"的好好儿活；

探究"我俩"的好好儿活；

思考"我们"的好好儿活。

教学步骤(略)

这个教学设计紧紧抓住了"好好儿活"这个主题，思路清晰，重点突出。

课能上好，自然在情理之中了。

(2)注重过程，引导参与，加强训练

所谓注重过程，就是教师在教学中把教学的重点放在过程上，放在揭示知识形成的规律上，让学生通过感知——概括——应用的思维过程去发现真理、掌握规律。这既是学习知识的过程，又是发展智能的过程。

我们知道，学生的学习生活往往经历(具体)感知——(抽象)概括——(实际)应用的认识过程。而在这个过程中，有两次飞跃。第一次飞跃是"感知——概括"。也就是说，学生的认识活动要在具体感知的基础上，通过抽象概括，从而得出结论。第二次飞跃是"概括——应用"，这是把掌握的知识结论应用于实际的过程。显然，学生只有在学习过程中真正实现这两次飞跃，教学目标才能实现。

由此看来，过程远比结果更重要，学生学习知识的过程是不可省略和压缩的，压缩和省略学生的思维过程而直接得出结论的做法是舍本求末。学生对知识的概念、原理、定理、规律的掌握不是通过自己的思维过程获得的，那只能是死记硬背和生搬硬套的机械学习。

进行新课和练习设计是教师在充分理解教材的基础上，依据主题来预设一节课的教学思路和环节。那么，在这两个环节中，怎样体现注重过程、引导参与和强化训练呢？这里，我们可以借鉴一下小学数学特级教师吴正宪老师设计的"平均数"一课。

数学在熟悉的生活中
——统计初步知识"平均数"

一、创设情境，提出问题

▲以拍球游戏活动导入——切题、激趣

二、解决问题，探求新知

1. 感受平均数产生的需要

2. 探索求平均数的方法

3. 理解平均数的意义

4. 沟通平均数与生活的联系

三、联系实际，拓展应用

高超有智慧的练习设计(切中要害、巧妙有趣、有挑战性)

▲出示第一题：北京"五一"期间自然博物馆售出门票统计图

问题1：请你估计一下，这五天中平均每天售出门票大约多少张？

问题2：你估计得准不准呢，请用你自己喜欢的方法验证一下。

问题3：如果你是自然博物馆的馆长，看了这个信息，你会有什么想法？

▲出示第二题：少儿歌手比赛1号选手最后得分是多少？

▲出示第三题：2002年小刚家各季度用水量统计图

▲出示第四题：小明有可能遇到危险吗？

四、总结评价，布置作业

通过这节课的学习，你有什么收获？还有什么遗憾？你认为应该给自己布置什么样的作业？

■本课特点：

(1)紧紧抓住了教材的重点、难点、目标明确。

(2)暴露思维过程，体现了学生在活动、体验中深刻理解平均数的知识形成过程。

(3)以问题为主线，以活动为载体，以体验为收获，以情趣为动力。

(4)润物无声的人文感染。

(5)层次分明，丝丝入扣。

3. 优化巩固练习设计

熟能生巧。巩固练习是一个人掌握知识、形成技能，由懂到熟、由熟到巧的必由之路。没有训练就没有过程，没有训练就没有能力，没有训练就没有积累。

但是，如今课堂训练大有被忽略的倾向。例如，重讲轻练，挤占学生的练习时间；重点轻面，练了少数、丢掉多数；重旧轻新，简单重复、机械操练；重量轻质，只顾数量，不讲质量；课堂训练趋于无序性。为此，教师在巩固练习中要有意识地克服这些弊端。

在通常情况下，教师在巩固练习中应该把握以下原则：

(1)吃透教材，目的性强

巩固练习就怕远离课标教材，盲目训练。所以，教师设计练习时，应认真领会教材的编写意图和系统性，从而明确每个单元、每个课时的训练要求和重点。只有这样，才能在教学中使每一个教学目标分课实施，分节落实。

(2) 分析学情，针对性强

练习设计要充分分析学生的学习基础、能力及学生之间的差异、学生可能出现的问题等，有针对性地设计练习题。教师要吃透教材，认真领会把握教学目标、重点和难点，结合学生的实际，分析学生的个性与特点，然后有目的、有针对性地设计练习。例如，针对重难点和关键，设计反馈练习题；针对错误规律，设计前馈练习题；针对心理定势，设计变式练习题；针对高原现象，设计趣味练习题。

(3) 循序渐进，层次性强

所谓分类有层次，就是要把练习题设计成不同难度和不同类型的题，而且有一定的层次性。通常有以下三种类型：

A. 基本题。这种题是重复模仿型的，它和原例题的难易程度相当。例如，语文课中和外语课中的阅读、复述、抄写、背诵，数理课中的简单习题，美术课中的临摹，音乐课中的试唱等。这种作业检测学生学习的基本功，对巩固知识、形成技能技巧是有效的；对掌握知识系统，养成持之以恒、耐心细致的习惯，也不可缺少。但要注意防止学生思维模式化，趋于呆板，妨碍其创造思维的发展。

B. 综合型题。它是联系前面学过的知识，把旧知识和新知识结合起来，形式有些变式、有些拐弯，主要是了解学生解题思维的灵活性，检测学生的综合应用能力。

C. 开放型题，也叫拓展型题或应用型题。这是结合本节课的知识点，设计一两道富有挑战性的题目，如答案不唯一、隐藏条件等，让中高水平的学生跳一跳，能摘到果子。

D. 以少胜多，精练性强。练习设计不是越多越好，而应以少胜多、以一当十，练一题管一类，精讲精练。如让学生做标点符号的练习，宁鸿彬老师只选了"他都会什么"五个字。他先把写有五个字的五张单字卡片依次摆入板槽里，让学生填标点："他都会什么"填成问号；"他什么都会"填句号；"什么他都会"填问号和感叹号。这种精练效果能不好吗？

  F.生动活泼，多样性强。青少年学生好奇好动、求新求趣，练习设计一定要生动活泼，具有多样性，体现为题型和练习方法的多样化。

（4）优化结课设计

  一节好课不仅要巧设导入，还应该妥善处理好结尾。明代文学家谢榛说得好："起句当如爆竹，骤响易彻；结句当如撞钟，清音有余。"的确，一堂课如一乐曲，结尾好犹如曲终时留下袅袅不尽的余音。

  什么是结课设计？结课就是一节课的课尾处理。结课的作用：归纳概括——让学生知识系统化；画龙点睛——让学生掌握重点；复习巩固——让学生强化记忆；拓展延伸——课已尽而意味无穷。

  结课设计的方法有很多，这里介绍几种常见的方法。

（1）总结概括式

  苏联教学论专家达尼洛夫曾说："通过总结学生在课上所学的主要事实和基本思想来结束一堂课，是很有好处的。"总结概括式是结课方法中最常用的一种方法。

  总结概括的方法可以采取两种形式：

  第一种是教师对一堂课的内容，按教材的顺序或板书的布局，用精练的语言提纲挈领地做一次梳理，使知识条理概括化、系统化，以达到当场记忆巩固的目的。另一种形式是教师设计总结概括性的提问，让学生进行小结，也是梳理知识，便于学生的记忆。如提出下面几个问题来让学生小结：

  A.我们在这节课里学习的是什么内容？懂得了什么？摸到了什么规律？

  B.你认为上面的知识中哪些是最重要、最关键的？

  C.你觉得在这堂课上掌握得最好的是哪些知识？

  D.你还有哪些疑难问题需要提出来讨论？

（2）画龙点睛式

  这是一种卓有成效的方法，关键在于画龙点睛，使学生顿开茅塞。例如，在"求平均数问题"第一节课将结束时，老师出了这样一道选择答案的练习题：哥哥买来一本科技书。第一天看8页，第二天看6页，第三天看10

页，第四天上午看5页、下午看7页。平均每天看几页？同时，出示两个算式：$(8+6+10+5+7)\div 5$；$(8+6+10+5+7)\div 4$。有不少学生对题中告诉我们五个数，但只要除以4，还有疑问。为了帮助学生掌握这类问题的方法，就抓住这个火候向学生提问：求平均数应用题要找准总数与份数，但关键是找哪个量？为什么？这样指点一下，从平均分的份数出发，由份数去找对应的总数量。一语道破，有疑虑的学生便豁然开朗。

(3) 图形呈现式

这是在新授某一单元或某一方面的知识后，将知识归纳小结形成知识系统，以知识图形的形式呈现给学生，让学生认识知识之间的联系。例如，教学"米"、"千克的认识"后，归纳小结知识时可用下图表示：

$$\text{单位和进率}\begin{cases}\text{长度}\\ \text{单位：米}\underset{}{\overset{100}{\underbrace{\xrightarrow{10}\text{分米}\xrightarrow{10}\text{厘米}\xrightarrow{10}\text{毫米}}}}\\ \text{重量}\\ \text{单位：千克}\xrightarrow{1000}\text{克}\end{cases}$$

(4) 表格填写式

为了帮助学生对学过的知识进行归纳概括，理清思路，把握要点，教师在备课时设计出表格，在上课即将结束时让学生填写。例如，特级教师魏书生在设计"普通劳动者"一课时就列出下列表格，让学生在做结课练习时填写。

	言	行	性格
去工地			
劳动			
休息			
冒雨装料			

表格填写式对于学生区分容易混淆的知识作用更大。当学生对某些知识产生混淆时，采用列表来归纳小结知识，让学生综合对比，认识区别比较好。比如，学生学习混合运算知识时往往学到后面的容易跟前面的产生混淆，因此，在混合运算的知识归纳小结中就可以采用表格填写的方法。

	含义	运算顺序	举例
加减混合运算			
乘除混合运算			
四则混合运算			
冒雨装料			

(5) 作业练习式

这是教师抓住本课重点、难点和关键性的知识技能，设计有读、讲、画、演、学具操作或辨析性的多样性练习作业，让学生动口、动手、动脑，在练习作业时开展竞赛，也让中下水平的学生板演，然后集体评比。通过这种方式，提高学生的作业技能技巧，并达到理性的升华。

例如，归纳小结"多位数的加法和减法"知识时，就可按如下步骤进行：

练习①　　34367+29853　　480570+27490

小结：多位数加法

练习②　　64508-7648　　85400-64890

小结：多位数减法

(6) 游戏表演式

少年儿童喜欢游戏。如果教师能在新课结束之际，运用电教手段，创造一个充满情趣的语言环境，让学生在游戏中学知识、长智慧，一定会收到良好的效果。如"小数的性质"一课临近结束时，设计找朋友游戏：教师发给每个学生一张数字卡片，正反两面都写有数字，教师拿出写有1与60的卡片问："谁是我的好朋友？"拿有1与6、1与600等卡片的学生高举起手中的卡片说："我是你的好朋友！"全班学生在笑声中领悟了小数的基本性质。

(7) 揭示规律式

小学生的思维处于无序思维向有序思维的过渡阶段。所以，往往缺乏有序地迫近目标的思维能力。为此，教师在结课时应指明规律，总结思维顺序，促进学生有序思维的完善与发展。

例如，教学"组合图形面积计算"和"组合体积计算"时，结束语就可归纳其解答步骤：1.分解图形；2.分别求出；3.求和或差；4.验算写答句。"求两个数的最大公约数"的结束语就是突出按三种情况进行有序思维。即：先看它们是不是倍数关系；若是，小数即是它们的最大公约数；若不是，再看它们是不是互质关系；若是，它们的最大公约数即为1；若也不是，即用短除法求出它们的最大公约数。这样一来，解题时方法步骤明确，思维操作有序，效果就会更好。

(8)延伸发展式

这是教师根据教材的内容和特点，在结课时，有意把课内知识引向课外，或引向课外的阅读上，或引向动植物的研究上，或引向自然、地理的研究上。通过这一延伸，架起知识和兴趣的桥梁，引导学生在课外发展兴趣，为他们日后成才或择业打下基础。

教师的课堂结课艺术方法不局限于以上几种。如果教师能开动自己的学识、智慧、口才、课堂机智，就会创造出更多、更好的结课艺术来。

结课设计应遵循以下几条原则：

A.紧扣目标。结课是一种收敛思维，目的是归纳总结全课知识，抓住重点。因此，无论是采取什么形式的结课，都必须紧扣教学目标，突出教学重点。脱离教学目标的结课设计，形式再好也没有意义。

B.选好角度。结课究竟应从哪个角度切入？这里有一个如何选准角度的问题，因为每一课的教学内容不同，结课的侧重点就不同。为此，教师在备课时，先要从整体到局部，努力通过广泛的内容和灵活多变的手法，理清教学思路，以便抓住知识要素作为结课突破点，从而达到"抓一点带全身"的目的。

C.简明扼要。结课是归纳概括，是画龙点睛，是揭示规律，必须简明扼要。结课不能繁琐，不能面面俱到，更不能把全课内容重讲一遍。

D.形式新颖。千篇一律的公式化结课方法，会使学生感到厌烦。科学艺术的结课方法应从教学效果出发，针对教材特点、教学实际、学生状况、教师的特长，进行灵活机动的巧妙设计，让学生总有新鲜感。

F.板书配合。为了搞好结课设计，要重视板书计划。否则，课堂讲解缺少配合，课后总结也无文字依据。教师在设计板书时，应该充分考虑在结课时如何利用板书。板书要反映教师的教学思路和提示重点，有了板书的配合就会大大提高结课的功能。

  E. 把握时间。结课应是课堂教学的一个环节，应水到渠成、有机自然，而不是机械外加，更不是"画蛇添足"。目前，在课堂上还存在两种情况：一是课堂节奏过快，结课留的时间过多，学生无事可做，教师只好胡乱布置一些杂事，搪塞过去完事；二是课堂课授内容过多，这边打了下课铃，那边还在讲着课，最后只好三两句话仓促结束，学生既无法从容回顾当堂所学的知识，更无法顺利消化。所以，要发挥结课的作用，可从两方面下工夫：一是要在整体设计中科学分配时间，以确保结课的既不多又不少的恰到好处的时间；二是在实际教学中，要把握课堂教学的节奏，以便适时进行结课处理。

  一般说来，结课所需要的时间以两三分钟为宜。同时，还要根据教学内容和当堂的教学情况灵活安排。

●名师优化教学设计案例

案例一 读懂学生 以学定教
——怎样优化设计一节数学课

董大方

工作三十多年来,我一直致力于初中数学教学,并担任班主任。无论是任教导处主任的二十多年,还是任校长期间,我都坚持上课。无论上平日的课,还是上各级的公开课,无论多少人听课,无论什么人听课,我的着眼点都落在学生身上。根据学生、根据教材,选择教学方法。我认为,不同的班级,不同的教学内容,教学的方法也不应该相同。不同的教学内容,不同的班级,不应该有统一的教学模式。无论什么样的班级,选择什么样的教学方法,我都在培养学生喜欢问题、发现问题、提出问题、解决问题上下工夫。明代学者陈献章在《论学书》中说:"前辈学贵有疑,小疑则小进,大疑则大进。疑者,觉悟之机也。一番觉悟,一番长进。"教师在教学中,要引导学生进入生疑、释疑的情境,使学生有疑有惑,并对疑与惑的解决产生兴趣。法国教育家卢梭主张自然教育,强调教育要适应儿童天性的发展。关于教学,他说过这样一句精辟的话:"问题不在于教他各种学问,而在于培养他有爱好学问的兴趣。"关注学生在解决问题的过程中所表现出来的个性化和创造性,关注由此积累起来的解决实际问题的经验和这种经验的迁移能力,从而提高教学素养。

因此，我在备课中首先会进行两个领域的研究，进行五个方面问题的思考，处理好两个关键点，选择一个适合学生的教学模式。下面，就我任教的其中一个班级学生的情况，并以九年级数学二次函数第一节为例，谈谈自己的具体做法。

要研究的两个领域包括：

一、研究学生

数学教学是一种创造性的劳动。对不同的学生、不同的教学内容、不同的教学要求，所选择的教学对策是不相同的。因此，我每一次备课首先要研究学生。

1. 结合新知识的学习研究学生。把班级的每一个学生在自己的头脑中过一遍，想一想他们学习新知识的过程中会遇到什么样的困难，这些困难如何解决，他们对学习这一节应预备的相关知识理解到什么程度。例如，这一节学习的是二次函数的定义，就要了解学生对一次函数和反比例函数的学习情况，了解他们对一次函数和反比例函数的学习困难和学习兴趣。

2. 结合历届学生研究本班学生。回顾历届学生学习本节知识的成功与失败的经验与教训，研究本班学生可能会在学习中出现什么样的问题，研究这些问题的解决方法。

二、研究教材

我认为，对于教材知识的理解而言，发现这些知识的数学家、教材编写者、数学教师、学生都是各不相同的。教材中问题解决的方法是数学家，或者是教材编写者对数学问题的理解。教师在备课中有自己对数学问题的理解，学生在学习中有他们自己的理解。那么，教师要想将这不同层次的人物对教材的理解都有机地融合起来，并促使学生对问题的理解与感悟有所升华，这就需要教师在备课中把研究学生与研究教材结合起来。

因此，教师要从以下几个方面研究教材：

1. 结合课程标准研究教材。看课程标准对本节是如何要求的，本节中的知识是如何产生的，它在实际生活中有什么样的用途。

2. 结合学生研究教材。看教材内容与学生生活有怎样的联系，教材的知识点呈现或例题有哪些是不适合本班学生的，这些问题如何处理；教材对知识的呈现有哪些不足之处，如何对教材进行改进。

3.结合本单元或整个知识体系研究教材。研究本节知识在整个单元或整个初中阶段，乃至知识体系中所处的位置及地位；研究教材应进行哪些方面的整合。根据对教材的研究，结合学生的情况，确定教学的重点、难点和关键点。

4.结合数学问题研究教材。看例题、习题，看本节的知识点是如何在例题中呈现的。在解决这些问题时，应用了本节学习到的哪些知识点；这些例题、习题还可以进行怎样的变式；近几年各省市中考题中对本节内容的考试题，看各省市的中考题是怎样呈现本节知识点的，为什么这样呈现。

例如，华师大版九年级数学第27章第一节二次函数教材安排了两个问题揭示二次函数的概念。第一个问题是："要用长为20m的铁栏杆，一面靠墙，围成一个矩形的花园，怎样围法才能使围城的花圃面积最大？"教材中是通过列出表格、填写表格发现矩形的面积 y 与矩形其中一条边的长 x 的关系列出函数关系式。另一个问题是通过商品每天的利润 y 与每件商品降价的幅度 x 元的关系得到函数关系式。这两个问题虽然都是学生身边的问题，但就我现在教的一个班级来说，会因第一问题的呈现方式繁琐造成喧宾夺主，使学生学习兴趣淡化。对于学生来说，前面已经学习了函数的概念，学习了一次函数、反比例函数，在本节就没有必要像刚接触函数时那样详细地分析 y 是否为 x 的函数。

要思考的五个问题包括：

1.如何激发学生的求知兴趣

强烈的求知欲望能调动学生的学习积极性，启迪学生的智力潜能，使学生的思维处于最活跃的状态。浓厚的学习兴趣可以激发学生强大的学习动力，克服困难、不怕失败并获得最佳的学习效果。因此，在备课中，我对教学的每一个环节都要思考如何激发学生学习兴趣，使学生始终在积极的状态下学习。对于那些学习困难的学生，揭示问题时要浅显易懂、由浅入深。对于学习优秀的学生，要引导他们独立去发现新知识。这一过程看似矛盾，如何使两者兼得呢？我采取的办法有两个。一是利用猜想的方法解决。首先，给出题目《二次函数》。然后，让学生根据学过的一次函数猜想什么样的函数会是二次函数。同时，我给出一些实际问题，让学生列出函数关系式。给出的这些问题，一方面使学习好的学生在猜完定义后能通过这些问题加深对二次函数的理解，懂得它在实际生活中的应用。另一方面使学习困难的学生能通过问题的解决认识二次函数。二是让学生自己提出问题。学生可以在设疑、猜想、回顾、延伸等环节提出问题，还可以在本节新知识教学完成之后提出一些问题。这些问题可以用来考自己，也可以用来考同学。不同层次的学生提出问题的难度不同，在这个环节每个学生都有话可说。

2. 在培养学生学习能力方面做哪些工作

对于二次函数这一章的第一节，我在培养学生学习能力时，重点放在培养学生的猜想能力和学习的迁移能力上。猜想是在数学证明之前构想数学命题的思维过程，猜想的形成是对研究的对象或问题，联系已有的知识与经验进行形象的分解、选择、加工、改造的过程。学习迁移是一种学习对另一种学习的影响，是个体习得经验后，在适当的条件下，应用所习得的经验来解决某种问题，或新习得的经验改变了原有的经验结构，或将有关经验加以重新组合，形成新的经验结构的这种经验之间的相互影响。

迈德林·亨特在《精通教育》中指出："迁移是创造性地解决问题及做出满意决策的基础。"迁移是最重要的学习原理，它包含两个方面的活动过程：一是过去知识对新知识的加工的效果；二是新知识对学习者以后学习的有用程度。学习数学并不是一个被动的接受过程，而是以原有的数学认知结构为基础的一个主动建构过程。这就是说，学生的数学知识不能看成是由教师直接传递给他们的现成东西，它必须凭借学生已有的数学认知结构，经过主动积极的思维加工建构而成。学生学习二次函数之前，已经系统地学习了两种相关的函数。所以，他们可以联系已有的知识和经验猜想到二次函数的定义，以及相关的一些知识。这不仅会使一次函数、反比例函数的知识对学习二次函数构成正迁移，而且会使学生通过对二次函数的学习加深对一次函数、反比例函数的相关知识的理解。

3. 如何通过对教材的整合在教会学生学习方法上下工夫

从哲学认识论的高度揭示学习的本质，人的认识不是对客观世界机械、被动地反映，而是依据已有的知识和经验对新知识自觉能动地建构。因此，我在备课中尊重学生的主体地位，激发学生的主动精神，让知识在学生的头脑中想出来。这一节的内容包括：二次函数的定义；根据实际问题列二次函数关系式；求二次函数的待定系数。我在备课中对教材进行了整合，这一节除了本节的教科书中的内容之外，我增加了研究二次函数整个单元的知识结构。因为二次函数这一单元的知识结构与一次函数、反比例函数的知识结构完全相同，而且与学生将来在高中阶段学习的所有函数部分的知识结构完全相同。把研究一次函数的知识结构整合到这一节中，既可以向学生渗透类比的学习方法，还可以引导学生学会整理知识结构，形成知识网络的学习方法。

4. 如何对学生进行多方面的思想教育

这一节的教学内容进行整合以后，学生学习的内容是开放的。不同层次的学生有不同的学习任务，少到只有教科书安排的学习内容，多到整个二次函数一章的内容。学生的想象力也得到充分的展现，能想到多少问题，能解决多少问题，每一个学生都不相同。这样一来，就可以激发学生的进取精神、探索精神。在教学中，我还设计了相互讨论的环节。由于每一个学生猜想的内容不同，在讨论环节，学生之间可以相互请教，认真倾听他人的见解。这时，可以对学生进行虚心学习以及善于与人沟通交流并主动帮助他人的教育。

5. 学习的组织形式如何确定

关于学习的组织形式，我采取的是独立自学与小组合作相结合的形式。每节课既要有学生自学的时间，还要有小组合作交流的时间。小组之间，相互提问、相互帮助、相互竞争。无论是分组还是其他教学环节，都要注意尊重学生。对不同学生的不同关注是教师应该思考的问题，但不要让学生感觉到教师把他们分成了几个档次。记得我看过一本关于教学的书，书中谈到美国一位教育家，她在与一所学校的教师研究如何对学生进行分层指导、区别对待的时候，突然告诉身边的教师说："请把门关上，不要让学生知道我们在区别对待他们。"她的话让周围的每一个人充分感受到她对学生的理解与尊重。教师要让学生有这样的信念：只要自己有信心、有恒心，学习上的飞跃随时可以发生。

找到并处理好两个关键点：

1. 新旧知识的联系及其连接点

从哲学上讲，联系是事物的根本属性和存在方式，是物质运动发展的根本原因。世界上的任何事物和过程都不能孤立地存在，都同周围的其他事物和过程联系着；每一事物和过程的各个要素和环节也不会孤立地存在，都同其他要素和环节联系着。在数学教学过程中，教师应该向学生渗透这种哲学的观点。对于二次函数这一节的教学来说，我利用哲学的这一观点，注意引导学生建立知识之间的相互依赖、相互影响、相互作用、相互转化的关系，使学生懂得每一个数学知识并不是孤立存在的，二次函数与学生之前学习过的所有函数有着密切的联系。因此，在教学中，我首先引导学生根据前面所学习的函数猜想二次函数的相关知识点。绝大多数学生不仅猜准了定义，猜准了求解析式的方法，还猜准了二次函数的知识结构，以及每一个知识点的研究方法。例如，学生们指出，二次函数与一次函数的连接点就在于定义中的"一"和"二"两个字，这两个字就决定了函数的不同、图象的不同、性质的不同、应用范围的不同，这就很容易猜到二次函数的定义。二次函数也会有它自己的图象和性质，研究它的图象就要像研究一次函数、反比例函数的图象一样，通过列表、描点、连线画出图象，然后根据图象的形状研究性质。这就不仅向学生渗透了哲学的观点，而且减轻了学生学习新知识的负担，更重要的是教会了学生思考问题的方法。

2. 新知识的延伸点

在本节课的备课过程中，我还注意引导学生去发现新知识的延伸点，为学生的后续学习打下基础，培养学生自学自主探究新问题、解决新问题的能力。在这节课的学习中，有一些学生提出，是否还有其他函数，是否有三次四次函数，那些函数的图象是什么样的，图象的性质、形状又是怎样的。我尽力使学生懂得，整个世界是一个相互联系的统一整体和过程，任何事物和过程都是普遍联系之网中的一个部分、环节或阶段，孤立的、不与其他事物和过程相联系的事物和过程是不存在的。

挑选出适合学生的教学模式：

达尔文说："一切知识中，最有价值的是关于方法的知识。"我在备课中注意引导学生形成合理的思维方法，建构起合适的数学认知结构，提高学习效率。在选择方法的时候，我要让自己先回答五个问题：为什么要用这样的教学方法？这节课要教给学生什么？我应该怎样去教？如何处理好新知识学习与旧知识补习之间的关系？如何处理好新知识学习与后续知识延伸的关系？为了处理好这五个问题，我在备课选择教学模式时，从三个方面入手。第一，让学生在学习中品尝到学习的快乐。教学的实践让我深深体会到，要让学生品尝学习的快乐，就必须让学生成为知识的发现者、挖掘者、研究者，体验到克服困难后的满足感。第二，让学生更有智慧。数学教育家怀特海说："教育的全部目的就是使人具有活跃的智慧。"因此，我的教学总是以研究开始、以研究告终。第三，对于不同的学生如何因材施教。我认为，学生学习不一定总是沿着从易到难的顺序进行，一味地把难点放在后面未必就是解决问题的最好方法。

那么，二次函数第一课时到底应该怎么上？在实际教学中，我根据班级学生的实际，选择了以猜想为主旋律的教学模式。

这种类型教学方法的基本程序是：设疑——猜想——验证——回顾——延伸。

1. 设疑

产生疑问，提出问题。进行这一步时，只要求学生看一下课题，由课题产生疑问。数学教学要教会学生看教材，不应只要求学生看教材讲了什么，看懂了什么，不懂什么。如果这样看教材，那么，教材中知识形成的过程、教材中解决问题的方法，就会成为学生头脑中知识形成的过程和解决问题的方法。这样必然会限制学生的思路，造成思维定势，不利于学生多层次、多角度地探索问题，不利于学生发散思维能力的培养，不利于学生创造能力的培养。无论是解数学题还是学习定义、定理、法则或整理知识结构，在经过自己独立思考之后再去看教材，会使学生思维更开阔。学习二次函数时，一般学生能提出的基本问题是："什么叫二次函数"；"二次函数有什么样的知识结构"；"二次函数的图象是怎样的形状"；"二次函数图象有怎样的性质"。一些学生还提出："二次函数这一单元与前面学习的哪些知识有联系"；"有怎样的联系";"二次函数的应用"。还有的学生能想象出三次函数、四次函数的定义。学生提出的问题不一定都能解决,但通过设疑可以培养学生发现问题、提出问题的能力。

2. 猜想

猜想是在数学证明之前构想数学命题的思维过程。猜想的形成是对研究的对象或问题,联系已有的知识与经验,进行形象的分解、选择、加工、改造的过程。在预习中的猜想这一环节,要求学生不要看书,针对设疑环节提出的问题,猜想定义、性质、法则、知识结构等。波利亚曾指出:"数学是一种创造性活动,不要把数学理解为一种常规的、形式主义的演绎学科,而应类似于自然科学,取决于猜测、顿悟和发现。"在学习二次函数时,学生根据一次函数的概念迁移猜想二次函数的概念,由一次函数的图象迁移猜想二次函数的图象,由一次函数的性质迁移猜想二次函数的性质,由一次函数的知识结构迁移猜想二次函数的知识结构。有很多学生在猜想二次函数的图象形状时遇到了困难,他们联想到在研究一次函数图象时的方法,先描出很多点,再连线得出图象,进而猜想出二次函数图象的研究方法。通过猜想培养学生独立思考的能力,独立思考的能力是数学学习的精髓。

3. 验证

学生要对自己的猜想进行验证。到这一步方可翻开书,看自己的猜想与教材有哪些不同,有哪些超越教材的地方,你的思路的优点是什么、缺点有哪些,教材的优点与不足之处各是哪些。通过验证这一环节,培养学生思维的严谨性与深刻性。通过验证修正自己,找出学习方法中的缺陷与知识学习的不足。无论是设疑还是猜想,由于学生的基础不同、思维方式不同、学习能力不同、提出问题的能力不同,所设计的疑问和猜想的问题就会有很大的差异。通过验证和同学之间的交流,能使不同的学生都得到提高。

4. 回顾

回顾是把本节学习的内容与前面所学习的知识建立联系发生作用,找出相同点与区别,在分析比较的基础上,对所学习的知识进行综合归纳和抽象概括。只有这样,才能完成知识的系统化的工作,使新知识获得理解,有助于学生知识的系统化、概括化。回顾这一环节，还可以将前面所学习的知识的漏洞找出来，进行补习。学习二次函数的时候，学生在设疑、猜想、验证的环节中，会找到一次函数、反比例函数学习中的缺陷。在回顾中建立新旧知识之间的联系，寻找新旧知识之间的区别的同时，就会将原有知识学习的问题解决了。例如，学生在猜想二次函数的定义时，就要联想到一次函数的定义、反比例函数的定义。如果一次函数的定义不清楚、反比例函数的定义不清楚，就无法猜想出二次函数的定义，就会在猜想中出现问题。特别是在猜想二次函数的知识结构时，如果对于一次函数、反比例函数的知识结构掌握得不好，就不可能准确地猜想出本单元的知识结构。

5. 延伸

延伸是展开想象。想象本节学习的内容还会有怎样的发展，不断进行问题的变换。数学思维就是解决数学问题的心智活动，数学思维总是指向问题的变换，表现为不断地提出问题、分析问题和解决问题，而使数学思维的结果形成问题的系统和定理的序列，从而达到掌握问题对象的数学特征和关系结构的目的。例如，学习了三角形相似的定义，延伸想到要继续研究判定定理，学习完一个定理想到另一个定理，学习完一种方程想到另一种方程，学习完一种函数想到另一种函数。要引导学生学会揭示数学知识之间的关系、本质特征和规律，从而提高学生迁移的能力，使学生对一事物的主体不仅能从部分事物相互联系的事实中推知普遍的与必然的联系，而且能够将这种联系推广到同类现象中。例如，这节课学习的是二次函数的定义、知识结构，很多学生就会将本节延伸。一些学生就提出，是否有三次函数、四次函数及其他函数，这些函数的性质如何，图象应该是什么样的。

备这节课的时候，我还重点考虑到因材施教的问题。从三个方面进行了思考：

一、不同层次的学生学习的步骤不同

学生可以根据自己的情况，选择学习的步骤，或变更几个步骤的顺序。

对于学习较差的学生，我给他们安排的步骤是：看书——提问——回顾——延伸。看书、提问这两个环节是指看书中讲了什么，问自己懂了没

有，不会的地方请教同学或老师，或等老师讲课时作为听课的重点。对于学习最差的学生，我给他们安排的步骤则是：看书——提问——看书。

根据学习内容不同、学生不同、学习方法培养的重点不同，选择不同的侧重步骤。例如，要突出培养学生创造性思维的学习内容，可指导学生在"设疑"、"猜想"两个步骤上下功夫；要培养学生整理知识结构，提高学生迁移能力，可以在"回顾"、"延伸"这两个步骤上下工夫；要培养学生思维的严谨性和逻辑推理能力，可以在验证这一步骤上下工夫。

二、教师对学生的指导不同

对于不同程度的学生，教师要有不同的指导侧重点：对于学习比较优秀的学生，教师可以只指导如何设疑；对于中等生，教师要指导如何设疑、如何猜想；对于学习差的学生，教师要传授如何阅读教材。学习好的学生可以独立学习，学习差的学生可由教师或同学领着一步一步走。波利亚不认为单纯的没有指导的问题解决能改进一个人的表现。他指出，只有通过对非常规问题的恰当使用，才能改进学生解决问题的能力。因此，教师的指导要因材施教，要使学生有所感悟。

总之，不同程度的学生会有不同的收获，每一个学生都得到最大程度的提高。这种学习给了他们很大的空间，他们可以不断地改进方式方法，扩大猜想、回顾、疑问、延伸的空间，充分发挥自己的想象和猜想，不受教材和教师讲解的限制，使自己的创造能力、创新能力得到更快更大的发展。

附：教学设计

课题：九年级《数学》第27章第一节二次函数

课程标准对本节的要求：通过对实际问题情境的分析，确定二次函数的表达式，并体会二次函数的意义。

根据学生实际对教材进行的整合：本节课除教材规定内容外，还要研究二次函数的知识结构。

重点：二次函数的表达式。

难点：二次函数的知识结构。

教学过程

新课学习环节

一、设疑

创设问题情境激发学生提出问题的兴趣。

教师:我们今天这节课研究二次函数。请大家就这个题目提出一些问题。

学生独立思考提出问题。

教师在备课中对学生设计的问题的预设:

1. 什么叫二次函数?
2. 二次函数的解析式是什么样的?
3. 在怎样的实际问题中会有二次函数的问题?
4. 二次函数能解决什么样的实际问题?
5. 二次函数的知识结构是怎样的?
6. 求二次函数的解析式需要几个点的坐标?
7. 二次函数也有图象吗?
8. 二次函数的图象的形状是什么样的?
9. 二次函数图象有怎样的性质?
10. 二次函数与前面所学习的几种函数有着怎样的联系与区别?

二、猜想

创设情境,激发学生解决问题的欲望。

教师:大家所提出的这些问题,正是我们这一单元所要研究的问题的全部。下面,我们就开始尝试解决这些问题。这节课,我们先思考前六个问题的解决方法,有余力的同学可以研究其他问题。

学生先独立尝试猜想如何解决这些问题,然后相互交流,教师个别指导。

三、验证

教师:现在我们可以看书,验证一下我们的猜想是否正确,有哪些不足的地方,问题又出在何处。相互交流一下。

学生看教材中的二次函数的定义,看教材中二次函数都研究了哪些问题，验证自己的猜想是否正确。看教材中的问题1、问题2，并列出相应的函数关系式。

学生独立解决书后的练习题并相互交流。

教师针对教材中的重点问题以及学生出现的问题进行点拨，并根据学生对问题的理解，对例题、习题进行变式训练。

四、回顾

创设情境，引起学生对前面所学习知识的回顾。

教师：今天所研究的二次函数是我们独立解决的。那么，我们解决问题的依据是什么？我们应用了哪些我们学习过的知识？这些知识给了我们怎样的启发？它们之间有着怎样的联系与区别？每一个数学知识都不是独立存在的，它与很多知识之间有着千丝万缕的联系。我们找到了这些联系，找到了这些知识之间的连接点，问题的解决就容易了。现在，我们就将以前所学习过的与这节知识有联系的知识用表格的形式表示出来，或用你喜欢的其他形式归纳在一起。可以独立完成，也可以小组完成。

学生独立归纳后，进行小组讨论。教师引导学生评价。

五、延伸

创设情境，激发学生继续探索。

教师：这节课，我们研究了很多关于二次函数的问题，我们是否还有问题要提出来？

在延伸环节，学生提出的问题大致有两个方面的思考：一是本节知识的延伸；二是本章知识的延伸。

教师预设学生提出的问题：

1. 就本节"设疑"环节提出的问题，提出解决的方法或疑问。

2. 是否还有其他函数，如三次函数、四次函数。

教师用几何画板画出二次函数、三次函数、四次函数、对数函数、指数函数的一些图象，与学生一道欣赏。

复习巩固环节：

1. 教师根据学生课堂进展情况提出具有指导性、引领性的能激发学生创造性思维的若干问题，学生解答，教师指导。

2. 学生设计问题，师生共同解答。

3. 在本章学习结束时，教师应要求学生写文章。文章可以是知识的归类总结，也可以是自己的一些见解或学习体会。

【评析】探索教学规律、洞悉教育真谛，既是教师追求的崇高境界，也是名师拥有的内在品质。"读懂学生，以学定教"不仅诠释了董大方老师对数学、对学生、对教学的深刻理解，体现了她在教育观念、知识学养、情感与价值观、教学特色等方面的综合素质，同时也折射出一位专家型教师所特有的教学机智和教育智慧。

文章的字里行间向大家传递了这样的信息：

1. 理解数学是教好数学的前提。有效、高效的教学源于教师完善的知识结构，源于教师对教学内容深刻而透彻的理解。作为数学教师，其知识结构的第一要素就是数学素养，其中包括了解数学知识的背景，准确把握数学概念、定理、法则、公式等的逻辑意义，深刻领悟内容所反映的思想方法，具有挖掘知识所蕴含的科学方法、理性思维过程和价值观资源的能力和技术，善于区分核心知识与非核心知识等。因此，数学教师不仅要明确所教内容本身是什么，而且还要将所教内容融入学科知识体系之中，并在学科知识体系中理解教学内容之间的联系，理解教学内容所反映的思想方法，理解教学内容蕴含的教育价值。概括地说，数学教师不仅要在微观上掌握教学内容，而且还要在宏观上把握学科知识，从整体和全局上理解、指导中学数学。

2. 理解学生是教好数学的保证。数学教学的终极目标是促进学生的发展。通过数学教学，不仅要促使学生的数学认知结构获得发展，而且还要促进学生一般能力的发展。其中，特别要发展学生的智力和能力，并发展学生良好的个性品质。为此，教师要全面准确地把握学生现有的数学认知结构，了解学生的现有发展水平和潜在的、可能的发展水平，知道学生的思维特点，了解学生数学学习的基本规律，清楚学生的情感、意志、动机、兴趣、个性品质等心理过程对数学学习的影响，知晓学生家庭、学校及社会环境，尤其是家长、教师、同学和教材对学生数学学习的影响。总之，要全面了解学生，将数学教学置于学生数学学习的系统之中。

3.理解教学是教好数学的关键。数学教学是数学活动的教学,是师生之间、学生之间交往互动与共同发展的过程。学生是教学的主体,教师是教学的主导。教师要根据认知目标与情感目标并重的要求,科学合理地设计教学过程,充分调动和发挥学生的知、情、意、行等诸方面的积极性,鼓励学生通过积极主动的思维活动去获取知识,并且在思考方向、思考方法、思维策略上进行适当点拨,使学生真正经过自己的努力克服学习中的困难而达到学习目的,给学生提供施展个人才华的机会,培养学生的自信心、意志力和对数学的情感,引导学生真正从学会数学走向会学数学,最后达到乐学数学的理想境界。(王冰)

案例二 研读教材是备课的核心环节
——怎样优化设计一节语文课

关劲松

众所周知,备课是上好课的前提。如何提高课堂教学质量和效果,如何让学生在课堂内得到有效的发展,备课至关重要。一节课能否上好不是偶然的,它在很大程度上取决于教师的备课。在备课上花几分精力,在教学中就有几分效果。所以说,任何一堂成功的课,无不凝结着教师备课的心血。

备课是什么?是写教案吗?不,备课不等于写教案。它包括钻研教材、搜集信息、了解学生、考虑教学思路和教学方法、书写教案等。而写教案只是备课的最后一个环节——把钻研教材等方面的所思所得,把教学的目的要求、重点难点、教学过程和方法,以及搜集到的有关教学的信息记录下来,以作备忘,把课上好。

那么,教师怎样才能有效地备好一节课呢?在这里,我谈谈自己多年来的做法和体会,希望得到教育同行的指正。

一、研读教材

苏霍姆林斯基说:"教师越是能够运用自如地掌握教材,那么,他的讲述就越是情感鲜明,学生听课花在抠教科书上的时间就越少。"显而易见,研读教材、与文本对话，是备好课的根本，也是重中之重。阅读教学中很多问题的出现，都与教师对文本缺少深入的解读有着紧密的关联。有的教师在备课时，先看教参，再看课文。甚至有的教师会觉得，课文就几句话、几百字，一看就明白，有什么可读的。如果在我们的课后，有好多问题连自己还没有弄懂，如一些重点词句的理解，甚至文章的主旨都不明白，那就更谈不上自己的感悟了。而许多成功的阅读教学，都是以教师对文本深入、独到的解读为基础的。所以，备课前，先不要看教参，应静下心来，认真地研读课文。

（一）揣摩词语

读课文时，要像学生读书一样，边读边画出生词、新词和值得推敲的句子甚至标点，作上批注。中年级阅读的第一个重点就是识字、学词、理解词句。在读文时，遇到吃不准的词一定要利用工具书弄明白，而且对词语的理解不能停留在词义的层面，应当反复琢磨、体味隐含在词句中的深刻的意义。

比如，三年级上册《陶罐和铁罐》一文中，"傲慢"与"轻蔑"两个词都含有轻视、看不起的意思，但它们在文中的含义相同吗？细细品味，就会发现两者之间的区别："傲慢"在这里表现的是铁罐的精神状态，而"轻蔑"在这里则表现了铁罐的神态。反复研读还会发现，"轻蔑"其实是铁罐在"陶罐的谦虚"下助长出来的一种心理状态，可以用"更加傲慢"来理解。也就是说，文中的"轻蔑"比"傲慢"更多了一层轻视、不屑一顾。

再如，"恼怒"一词在词典中解释为：生气，发怒。那在文中究竟是一种什么程度的发怒？可不可以理解为"恼羞成怒"？单在词意的理解上当然不能，因为"恼羞成怒"是指因气恼、羞臊而大发脾气。可是，让我们一起来研读铁罐的心理。陶罐说："我们生来就是盛东西的，并不是来互相碰撞的。说到盛东西，我不见得比你差。再说……"还没等陶罐说完，铁罐就打断了它的话："住嘴！"从这个毫无礼貌的行为中，我们可以看出，铁罐并不是简单的生气而发怒，而是它根本控制不住自己的气愤。它为什么控制不住呢？因为它本身就看不起陶罐，陶罐却敢与它争辩，它感到很生气，这是其一。其二，"我不见得比你差"这句话让铁罐觉得很丢面子，可这话又很有道理，铁罐无法反驳，所以它"恼羞成怒"。所以，"恼怒"在这个词句中完全可以用"恼羞成怒"来体会。这样引导，就更利于学生对铁罐心理活动的理解。所以，细读文本的时候，抓住词语细细品读，不但能读到词语本身的信息，引发开去，还会获得更为深刻的感受。

还有"闷"这个多音字在文中的正确读音。这个字的两种读音"mēn"和"mèn"有相近的意思，可我们要如何来区分这两个读音的用法呢？我觉得，在这里很有必要让学生查查词典，自己来弄懂其中的不同。"mēn"有三种解释，"mèn"有两种解释，其中只有一种是容易混淆的，都含有"不透气"的含义。可"mēn"是指因空气不流通而引起的感觉：闷气、闷热。而"mèn"是指心烦，不舒畅：愁闷、沉闷、郁闷、闷闷不乐。由此可以引导学生来总结，"mēn"是指身体上的感觉，而"mèn"是指心理上的感受。中国的汉字博大精深，我们要鼓励学生对中国汉字进行探索。所以，我经常会和学生一起查词典理解词语。在学习《赵州桥》一课时，学生在读文时将"吐出美丽的水花"中"吐"的字音读错了。我没有急于纠正学生的读音，而是和学生一起通过查词典，理解了"tǔ"和"tù"的区别。这就加深了学生对词语的正确理解运用，也培养了孩子对待知识要严谨的作风。

记得有一次我们在研究"转"字的读音时，了解到"zhuǎn"在作动词时是旋动，改变方向；而"zhuàn"在作动词时是绕着某点或某物移动。由此我们理解：旋动不到一圈时读"zhuǎn"，而一圈或以上读"zhuàn"。这时，一个孩子提出疑问：站排时"向左、右转"不到一圈，为什么读"zhuàn"呢？这个问题把我也问住了，"向左、右转"我们平时确实是读四声"zhuàn"的。课后，我查阅了很多资料，并和教师们共同探讨，发现原来是我们平时的习惯读音错误。在向孩子们公布正确答案之时，我当然也表扬了那个善于思考提问的孩子。

对于作者推敲、锤炼文字的匠心，一定要细心琢磨、体会。别看只是一个字，里面却可能含有无尽的意趣。只要我们能细细地咀嚼语言，悉心体味，发掘内蕴——用一双敏锐的眼睛，发现字、词、句、段、标点、修辞上的亮点，就会将自己解读到的亮点变成课堂上学生学习的着眼点。

(二)诵读课文

虽然我们刚才已经读了课文，但那远远不够，我们还要诵读课文。诵读课文就是为了透彻理解教材，这里说的诵读有两层含义。一是"朗读课文"，即"正确、流利、有感情"。一定要努力朗读到"其意皆出吾心"、"其言皆出吾口"。二是"背诵课文"。只有把课文熟记于心，才有利于更好地驾驭课堂，不会在课堂上因读书而忽视了情感的投入。

先说"朗读"。王崧舟老师备《草船借箭》一课时，一口气读了十三遍，才终于有了自己的感觉，精妙的教学设计才呼之欲出。朗读是活的，跃出纸外，可以赋予作品以生命。备课时，我力求把课文读"活"。朗读好了，钻研教材就成功了一大半。朗读的意义十分重大，教师的朗读水平有多高，学生就会有多高，甚至更高。如果教师的朗读水平低，就不可能期望他的学生朗读水平出众。师生朗读得精彩的课堂，必然是充满生机的、充满灵性的、富有情趣的课堂。

在备《陶罐和铁罐》时，我读了不知多少遍，尤其是铁罐与陶罐之间的对话。也正是因为反复的诵读，我才体会到了"傲慢"与"轻蔑"在文中的区别。在读这两句话时，我反复地寻找其间的语气。对于三年级的学生来说，很难理解"傲慢"、"轻蔑"的语气有着怎样的不同，必须借助神态或动作来帮助理解。于是，我对着镜子反复练习这两句话："你敢碰我吗？陶罐子！""我就知道你不敢，懦弱的东西！"反复揣摩体会之下，我发现"傲慢"的语气里包含着自以为是、目中无人、盛气凌人的神情，读时可以昂起头、表情高傲、语速稍慢，而且读"陶罐子"时的语调可以微微上扬。而"轻蔑"的语气里包含的则更多的是鄙视、瞧不起，读时在昂着头的同时，还可以用眼角斜视着对方以示轻视，语速稍快，语调低沉。

可是，我又在想，如何能帮助孩子理解并读出不同的语气呢？这的确很难。忽然我想到，如果用"傲慢"的语气来读铁罐的第二句"轻蔑"的话，会是什么效果呢？于是，我拿来录音机，分别录下了"我就知道你不敢，懦弱的东西！"这一句话的两种不同读法(傲慢、轻蔑)。然后，我让儿子对这两句话来进行评价。在毫不了解课文内容的情况下，他认为第二句语气更好一些，比第一句更多了一些尖酸刻薄。我高兴极了，这正是我想达到的目的！所以，在这一环节中，为了帮助学生更深刻地理解"轻蔑"与"傲慢"的区别，我让他们试着都用"傲慢"的语气来读，体会出其中的不同。

再说"背诵"。贾志敏老师的学生要讲《开国大典》,希望贾老师对教学设计提供帮助。贾老师问学生的第一句话是:"课文背会了吗?背会了再找我。"人民日报社社长、著名作家梁衡曾介绍自己学习语文的经验:"大量阅读还不够,语文学习最基本、最简便的方法是背书。只有背下来,才能把众多的资源转化成自身的营养。"只有熟读成诵,我们才能把作者写作的情感、课文的重点与难点、课文的表达方法摸个一清二楚。只有在一遍遍的诵读中,我们才能对课文有较为深刻的感悟,对一些重点词句甚至文章主旨的理解才能弄明白。一遍遍的诵读,常常会让我们对课文中许多不起眼的词句中蕴含的微妙语意忽然顿悟,教学设计的灵感也会不期而至。

二、研读结构

在研读文本时,把握好文章的篇章结构,就会对文本有一个宏观上更具高度的认识。每篇课文都有不同的谋篇布局方法,要切实把握好,以便引导学生去学习、去感悟、去运用。教师是课堂的组织者、引导者。只有教师对文章的妙处和特色理解了,成竹在胸了,课堂上才会自如地引导学生去感悟。所以说,教师领悟得深,学生才能领悟得深,甚至会在教师的引导下超常发挥。

(一)理层次

中年级阅读的第二个重点便是读好课文,初步把握课文的主要内容。

对于三年级学生来说,概括课文内容还是有些难度的。但如果我们引导学生把握文章结构,降低难度,把文章分成层次再来概括,无疑是帮助学生学会概括文章内容的好方法。虽然现在课标并不要求给课文分段,但根据课文内容分层却可以大大提高学生的阅读分析能力。

在解读《陶罐和铁罐》的结构时,我们不难发现课文很清晰地被时间分割成两部分。第一部分是第一自然段到第九自然段。时间:很久以前。地点:国王的御厨里。事情:铁罐经常奚落陶罐。第二部分从第十自然段到文章最后。时间:很多年代过去了。地点:荒凉的场地。事情:陶罐变成了很有价值的文物,而铁罐却无影无踪。

文章的第一部分自然是本文的重点,抓住描写陶罐和铁罐神态、动作和语言的词句进行朗读感悟,体会陶罐的谦虚和铁罐的傲慢,懂得人都有长处和短处，要看到别人的长处，正视自己的短处。第二部分内容简单易懂，可以让学生先默读课文，再说说两个罐子各自不同的结局，从中体会陶罐的宽容。

(二)抓焦点

所谓焦点，也就是突破全文的点，它可以是一个词、一句话、一组对话、一段话等。

在备课时，我将本文以"奚落"一词作为切入点，贯穿全文。教学设计围绕主线，课文的第一部分是运用对话描写来突出陶罐和铁罐的性格特点，也是本文的重点。而铁罐与陶罐的对话都是围绕着"奚落"来进行的。铁罐怎样奚落陶罐？陶罐怎样坦然地面对铁罐的奚落？设计一个统领全文的大问题"铁罐是怎样奚落陶罐的"，非常有利于整体感知，用这个问题直奔主题，导入新课。本节课的教学也就是紧紧抓住"奚落"一词展开……

对于"奚落"，我们又该如何来帮助学生理解呢？我们的语言训练，要突出"实"。理解词句是中年级的训练重点，教给学生理解词语的方法是很有必要的，可以在课堂上引导学生掌握以下几种方法：可以利用工具书进行初步的理解（词典中对"奚落"的解释为"用尖酸刻薄的话揭人短处，使人难堪"）；可以通过换词的方法来加深理解（找到奚落的近义词，如讽刺、挖苦、嘲笑、讥讽等）；还可以联系上下文的内容，借助文本，抓住铁罐的神态、动作和语言等词句进行更深刻的理解。这样一来，就能真正理解"奚落"一词在文中的意思。我想，每节课如果都能有这样几个词语让学生记忆犹新，久而久之，日积月累，学生的语言必将丰富多彩。

(三)悟联系

联系上下文，联系生活，联系实际，进行层次内容的切换。

在《陶罐和铁罐》中，陶罐的第一句话是："不敢，铁罐兄弟。"如果仅从陶罐的语言中去体会"谦虚"，学生的理解是不到位的。甚至可以说，陶罐就像铁罐说的，是"懦弱"。所以，要层层展开、步步深入地引导。教学时，我首先通过"陶罐到底是什么样子的？它真的没有优点吗？"这个问题，将学生的注意力引到课文的第二部分，找出描写陶罐样子的那句话"捧起陶罐，倒掉里面的泥土，擦洗干净，它还是那样光洁、朴素、美观"。同时，抓住"还是"一词感受到陶罐能经受年代变迁的特点。之后，出示精美的陶瓷器皿图片，让学生欣赏，使学生在头脑中构建起新的陶罐的形象。这时，再问："陶罐这么美，它跟铁罐比美了吗？""没有，而是礼貌地说。不敢，铁罐兄弟。"这就看出了陶罐的谦虚，它能正视自己的短处——易碎，不能跟别人碰撞。由此，学生不仅真正地体会到了陶罐的谦虚，同时通过图片和介绍，了解了中国的陶瓷文化。

教师是教材的理解者、参与者、实践者。备课时，教师要钻进教材之中，有自己的钻研、解读和思考。否则，一味地接受和照搬，教师就只是充当教科书的"传声筒"，而没有了自己的思考，很难将课上出新意和深意。把教材看懂、看穿、看透，挖掘出教材的精髓内涵，于平凡中见新奇，发人之所未发、见人之所未见，做到深入浅出，这样就会使课堂教学简单明了。

三、研读教法

（一）挖掘线索

《陶罐和铁罐》这篇文章主要通过对话展开情节，推动故事的发展。铁罐的傲慢、无礼和陶罐的谦虚、友善，都在人物的对话中充分展现。因此，对话的朗读指导是本课教学设计的重要内容。

要读好对话，就要弄懂课文内容，把握人物的心理及说话时的神态，确定自己应该用什么样的语气来读。开始时，我打算将陶罐和铁罐的对话一组一组地出示，由教师指导感悟第一次对话，其余三次对话由学生在掌握学习方法后进行小组研究学习。可再研读课文后，我发现，铁罐在奚落陶罐时的神态是由"傲慢——轻蔑——恼怒——怒不可遏"而层层递进的，要抓住情感线索(四次心理活动的变化)，来体会朗读时的不同语气，让孩子体会到铁罐的心理一次比一次更愤怒。可当我具体操作时，又遇到了问题，铁罐的态度为什么会由"傲慢"转为"轻蔑"，又从"轻蔑"变成"恼怒"，直至"怒不可遏"？其中必有原因，而并非我们从句子的表层能感悟得懂、读得出的。词语脱离了语言环境，便失去其作用和色彩。要想理解铁罐的这几次心理变化，必须把陶罐和铁罐的话都放在具体的语言环境里来感悟。于漪老师说："教师本身对文本的理解有多深，学生对文本的理解才会有多深。"由此可见，我们对文本的解读是多么重要。

（二）渗透学法

文中铁罐对陶罐的最后一次奚落，文本忽略了对铁罐神态、动作等词的使用。而我们要抓住时机提出问题：你认为应该用什么样的语气来读？为什么？联系上文说说你的体会。

在学生体会到语气不同所表达的意思也不同的基础上，尽量让学生说出不同的语气，如气极败坏、怒气冲天、怒发冲冠、火冒三丈等。人说"一千个读者就有一千个哈姆雷特"，每个人的理解不同，表达也不同，要尊重学生的理解，只要符合铁罐的心理就可以。这样一来，学生的个性化朗读得到认可，自然就能读得有信心、读得有味道，教师才能真正成为课堂上的点拨者和引导者。然后，再让学生给陶罐和铁罐的最后一次对话的"说"字前面填空，添上自己认为合适的形容词，再以这种语气朗读。文中原本平淡无奇的语言添上形容词后，立刻鲜活起来。人物的个性、学生的想象得到了充分的释放，丰富了原有的课文文本。

课堂教学无处不渗透教学方法，寻找适合中年级学生的写作方法，用简单易学的方法写出生动的人物对话。所以，在教学中，我不失时机地对学生进行了写法指导："我们在写作时，经常会用到人物的对话。要想写好人物的对话，老师教给你一个'法宝'，就是在体会人物心理活动的基础上给'说'戴上'帽子'，你知道这顶'帽子'是什么吗？就是'形容词'。在第四次对话里，铁罐是怎样说的？（学生会说'火冒三丈'、'怒气冲天'、'怒发冲冠'等）别小看这几顶帽子，正是它们把一个自高自大、蛮不讲理的铁罐生动形象地展现在我们的面前。除了给语言戴上不同的'帽子'，还可以恰当地选择'说'的'兄弟姐妹'（问、叫、喊、嚷等词）来丰富人物的语言动作，或者直接出现人物语言，让人的语言更具灵活性。通过对话展开情节、推动故事发展，这是本文在表达上的特点。"这样的指导降低了学生的写作难度，提高了学生的写作兴趣，同时也为下面改编寓言故事埋下了伏笔。

其次是朗读的指导。用分角色表演读的方式，激发学生的朗读兴趣，把所有对话连起来练读，这是在前两次充分练读基础上的总体回归，也是学生对课文理解的升华。引导学生加上自己的动作读书，与同学合作表演，来辅助理解铁罐的傲慢无理和陶罐的谦虚宽容。

读的形式要多样，如自由读、齐读、同桌互读、指名读、分角色读、表演读等。充分体现以读为本、以说促悟、以悟促读、以感促读，达到以读促讲的作用。低年级学生的注意力是很短暂的。如果第一个词是老师领读，第二个词也是，那么第三个就要请优秀的学生当回老师了。第一遍读课文是齐读，第二、三遍最好自由读，或者同桌之间互相读。也就是说，要在读中善于变化，以吸引学生的兴趣。

(三) 知识拓展

默读课文的第二部分后讨论：陶罐到底有没有变化？学生可能会说没有变，它还是那样光洁、朴素、美观。这时，可以引导学生从价值上来观察陶罐的变化。陶罐的外表的确没有变化，但由于年代久远，它变成了珍贵的文物，很有价值。而陶罐的价值并不在于它的美观，而在于它的年代久远，研究古董可以帮助我们探究古时与现代的不同，了解古时的工艺技术、研究古人的智慧、发现古时的文化、探索时代的发展等。此处应向学生介绍文物的价值，增强学生对古代文物的了解。

再讨论：再看铁罐，有什么变化？铁罐跑哪儿去了呢？课件出示关于铁氧化的资料。对铁氧化知识的拓展，在学生头脑中建构起新的知识体系，也体现了学科之间的融合。

四、研读学生

学生是教学的对象，教师要想教会学生，必须先了解学生，这样才能调动学生的学习积极性，有效地帮助学生解决学习中的问题和困难。备学生的目的是为了做到根据学生实际水平的具体需要，有的放矢地进行教学，高质量地完成教学任务，也就是贯彻因材施教的原则。

在第二部分，我设计了两个问题：当陶罐被人们挖掘出来后，它说了什么？从这句话中，你体会到什么？从陶罐的语言中，可感受到它的心地善良、宽容大度、不计较别人的过错的优秀品质。这样一来，就能渗透对学生的思想教育，培养学生良好的价值观。

陶罐和铁罐不同的结局，与第一部分铁罐对陶罐的奚落形成了鲜明的对比，有利于学生对寓意的理解。内容环环相扣，教学到此，水到渠成，用"学了这则寓言故事，你一定有什么话想说吧"这个问题回归整体，引发学生在充分理解课文内容的基础上谈见解，自然揭示寓意。让学生拿起笔，把感受写在语文书上，批注文本，培养读书动笔的好习惯。

五、研读提升

阅读教学是为作文教学服务的，改编寓言不但有利于学生更深地理解课文内容，激发学生阅读的兴趣，又为学生的仿写引了路。这样的训练能激发学生的想象，让学生自由发挥，在轻松愉快的感受中去写作。借助本文鲜活的对话形式，激发学生的创作热情，改编寓言《铁罐与陶罐》。赞扬铁罐，批评陶罐，赋予它们相反的性格。要引导学生在改编时注意给人物的语言戴上"帽子"。

附：教学设计

一、复习导入，整体感知

1. 复习字词。

2. 概括课文内容。

回忆课文内容，课文按什么变化分成了几部分？根据这两部分内容说一说，课文究竟讲了一件什么事？

3. 理解"奚落"。

分别采用理解词的本意、找同义词和联系上下文理解三种方法进行理解。

4. 抓住"奚落"一词进入课文。

铁罐是怎样一次次奚落陶罐的？一共几次？在哪几个自然段？

二、精读理解，感悟道理

(一) 第一部分：奚落

1. 指导第一次奚落（"你敢碰我吗？陶罐子！"）

(1) 指名生读，学生评价。

(2) 理解"傲慢"，抓住铁罐"傲慢"的神态：轻视，没礼貌。借助表情和动作来理解。

(3) 练读。带着对"傲慢"的理解，自己练习读。

(4) 指名读，生评。齐读，师评。

2. 自悟第二次奚落("我就知道你不敢,懦弱的东西!")

(1)接下来又是怎样奚落陶罐的呢?同桌一起边讨论边读,看看怎样才能读出语气。

抓住铁罐的神态"轻蔑"。把这个词的理解融入动作和神态中。

还是傲慢的语气吗?用傲慢的语气来读行不行?会有什么效果?

(2)同桌互读。

(3)指名表演读。

3. 比较铁罐和陶罐的长处和短处

(1)铁罐为什么看不起陶罐?

边理解边完成板书:铁罐认为自己很坚硬,这是它的长处,而陶罐很容易碎,这是它的短处,它仗着自己的长处去奚落别人的短处。

(2)了解陶罐。

你对陶罐有哪些了解?(注意引导学生从特点和作用上来说)

课文中也有一段描写了陶罐的样子,谁能找到?

从"还是"一词体会到什么?出示陶罐图片。

(3)了解铁罐。

(4)再来读陶罐的话,说说你的感受,从陶罐的话中体会到了什么。

4. "恼怒"的两次奚落

(1)理解"恼怒":因生气而发怒。

感受铁罐的心理活动:它看不起陶罐,陶罐的争辩让它感到很生气。陶罐的话很有道理,铁罐无法反驳,觉得很丢面子,所以恼羞成怒。

指导读:把自己想象成铁罐,想象你恼怒时会是什么样的态度。

指名读。齐读。

(2)铁罐对陶罐的最后一次奚落。

你认为应该用什么样的语气来读?为什么?联系上文,说说你的体会。

(3)指导写作。

(出示铁罐的四次对话)仔细观察,你有什么发现?

指导写作方法:给"说"戴上"帽子"。铁罐怎样说?填好后,再来读一读。

(4)练习添词。

除了给语言戴上不同"帽子",还可以恰当地选择"说"的"兄弟姐妹"(问、叫、喊、嚷等词)丰富人物的语言动作,或者直接出现人物语言,让语言更具灵活性。

练习:出示句子。

5. 分角色表演朗读

(二)第二部分:变化

1. 教师导读过渡段,引出下文

许多年代过去了,陶罐是不是像罐说的那样破成了碎片?铁罐是不是像它自己所说的那样依然坚固得什么也不怕?它们到底发生了什么变化?请同学们默读第10至17自然段,找出写它们变化的句子,然后用自己的话说说。

2. 陶罐的变化

陶罐:和当年一样光洁、朴素、美观。

讨论:陶罐到底有没有变化?

3. 铁罐的变化

再看铁罐,有什么变化?无影无踪。

铁罐跑哪儿去了?(课件出示关于铁氧化的资料)

4. 体会陶罐的品质

当陶罐被人们挖掘出来后,它说了什么?从这句话中,你体会到什么?

三、总结寓意,主题升华

1. 学了这则寓言故事,你一定有什么话想说吧?拿起笔来,把感受写在语文书上。

2. 人都有长处和短处,要看到别人的长处,正视自己的短处,学会全面看问题,相互尊重,和睦相处。

四、改编仿写,拓展延提升

1. 改编寓言

赞扬铁罐,批评陶罐,赋予它们相反的性格,题目就叫《铁罐与陶罐》。在改编时,注意给人物的语言戴上"帽子",可以用课文中词语。当然,如果能运用自己积累的词语,就更好了。

2. 仿写寓言

(1)根据自己的认识编一则寓言，先想好要告诉别人一个什么道理，然后创编一个寓言故事，说明这个道理，给人以启迪和教育。

(2)合理地运用人物的神态、动作和对话，用词恰当。

(3)当人物和人物语言位置发生变化时，注意标点符号的正确使用。

【评析】关劲松老师结合自己多年来的教学实践，理论联系实际，就如何备好一节语文课阐述了独到的见解。作为教学同仁，我觉得关老师这节课最大的特点可以概括为一个字"读"，且对读又有明确的要求，那就是"研"读。即：研读教材——研读结构——研读教法——研读学生——研读提升。这"五读"进一步细化可以概括为"读透"、"读薄"、"读厚"、"读活"、"读精"，即：研读教材——读透，研读结构——读薄，研读教法——读厚，研读学生——读活，研读提升——读精。

也有人提出备课应做到"三读"，即：读课文，读出自己的感受；读课标，读出教学的目标；读教参，读出编写的意图。但是，关老师却将"读"挖掘出了更深的内涵。正如她所说的，研读教材"要像学生一样读，乃至圈画勾勒"。小到一个字音、一个词语，再到不同层次的读乃至背诵，无不体现了关老师对教材的"读透"。在读透教材的基础上，关老师又反复研读文章的结构，做到在理清层次的基础上，抓住"奚落"这一词语作为焦点，层层展开，步步深入地引导悟出联系，把文章读薄。在研读教法上，关老师做到了读厚，那就是理清线索、渗透学法、知识拓展，体现了厚诚扎实的教学风格。在研读学生方面，关老师做到了读活，用"学了这则寓言故事，你一定有什么话想说吧"这个问题回归整体，引发学生在充分理解课文内容的基础上谈见解，自然揭示寓意。让学生拿起笔来，把感受写在语文书上，批注文本，培养学生读书动笔的好习惯。研读提升作到了读精。教材无非是个例子，仅仅以本为本，是满足不了学生的求知欲的。有必要依托教材，把学习延伸到课外。所以，在改编寓言的基础上，还可以留下仿写寓言的课后作业，以促进课内外学习和运用的结合，调动学生学习运用语文的积极性，扩大语文学习的视野。

总之，关老师在备课时，钻进教材之中仰视解读，高居教材之上审视并超越教材。把自己变成教材的主人，充分发挥教材的功能，使学生的能力得到充分的发展。

案例三　以生为本　激活课堂　享受英语　全面提高
——怎样优化设计一节英语复习课

吴春燕

以往一提起英语复习课，人们总会想起大量的练习题。教师上课滔滔不绝，讲得口干舌燥，学生按教师要求，背单词、短语、对话、课文，强记语法规则。由于内容毫无新意，学生对重复机械记忆感到索然无味，参与意识不强，课后又不得不埋在一套又一套的题海中。这样的学习方法导致学生学业负担过重，这样的工作方法使得教师疲惫不堪，效果不尽人意。这种做法会使学生失去兴趣、厌烦学习，甚至放弃英语这门功课。

要想提高复习课的教学水平，关键在于激发学生的兴趣，并在参与意识和实践运用方面下工夫，设法促使学生积极主动地上好复习课，把课堂还给学生，以学生为主体，使其享受英语学习的乐趣，并达到英语课标中对学生应掌握的知识积累和能力培养的要求。

在复习课上，围绕上述目标，通过教学设计有效实施，让学生更深地理解课文内容，激发学生学习的兴趣；通过有目的的引导和拓展，让学生自由发挥，在轻松愉快的感受中去学习；通过小组合作和课堂提问，照顾到不同层次学生的学习能力，满足部分拔尖学生的求知欲，开阔学生英语的视野。

一、复习课的意义

（一）复习课的定义

复习在整个初三学习活动中是十分重要的环节。因此，如何上好复习课一直是教师关注的问题。复习的目的是"温故"，"温故"的过程是帮助学生回忆学过的内容，强化记忆、强化理解、强化运用的过程。教师要根据平时教学获取的反馈信息，适时适度地妥善安排相关的复习内容，不拖泥带水，不要让学生认为是老生常谈，这样会导致学生注意力分散、思想不集中。在指导几届初三学生复习中，我对此感触颇深。为了改变这种状况，我经常尝试一些新的方法，复习课的成效很明显。

（二）考试重点的宏观分析

1. 中考试卷分析

自从沈阳市近几年使用牛津英语以来，教材试验进入平稳期，全市中学广泛深入地开展研讨教学策略与学习策略，中考倍受社会各界的关注。命题以"课程标准"为依据，继续贯彻"稳中有变、变中求新、新中求活；着眼双基，突出语篇，强调应用，注重交际"的原则，基础知识的考查由注重语言形式转变为注重语言意义，并要求在特定的语境中理解其特定的含义。在情景设计上更加灵活，注重语言的应用价值并通过语篇来体现"以能力立意"的测试理念。其中，阅读试题的比重在试卷中占有很大比重。

试卷基本结构、赋分比例、考点难易分布如下表：

题型	题量	分值	难易度的分值分配			答题时间
			难	中	易	
基础知识运用	20	20	2	4	14	10分钟
完形填空	15	15	1	4	10	15分钟
阅读理解	15	30	4	6	20	22分钟
回答问题	13	26	2	4	20	20分钟
短文填空	14	14	2	2	10	13分钟
综合阅读	10	20	2	4	14	20分钟
书面表达	2	25	3	7	15	20分钟
总 计	89	150	16	31	103	120分钟

2005年以来，中考英语命题一直坚持侧重语篇，重视对考生阅读理解能力的考查，并逐步确定了语篇阅读考查的三条基本原则：第一，确定阅读在全卷中的分值权重；第二，确定对考生阅读质量的量化要求；第三，对语篇中出现的生词进行适当的处理。同时，从具体内容的考查、语言材料的选取

和命题技术的运用进行了有效的控制。其原因在于：

①我国的中学英语教学历来重视学生语言的积累、知识的掌握和能力的培养。在教学大纲年代，已经将语音、语法和词汇与听说读写同等排列；而目前实施的课程标准在强调注重对学生语言运用能力培养的同时，也十分关注学生对语言知识的掌握情况，并将"语言知识"列为"内容标准"之一，而且将学生必须掌握的词汇由800左右提高为1600左右。

②鉴于全市各区、县(市)之间的经济、文化和教育发展水平的不平衡，教育观念和教育资源的差异等因素的客观存在，有必要让教师清楚地了解语言知识考查在中考英语试卷上的分配比例和权重变化。

2. 教材分析

牛津英语8A至9B是沈阳市中考考查的内容。学生能够灵活运用语言知识和语言点是教学工作的重点。

3. 学情分析

目前，沈阳市各个学校的学生都是对口直升入学，而不是考试筛选入学，学生英语基础参差不齐。这就要求教师针对这一点，因地制宜，用心揣摩每个学生的特点、每堂课的特点，做到以学生为课堂的主体，激活课堂，让每个学生在课堂上有所学、有所得。

(三)教学体会

过去，我们认为：教师讲得越细，学生学得就越容易，课堂效率就越高，教学效果就越好。这就像钻山洞一样，教师领着学生钻研比学生自己去摸索可能更快一些。于是，课堂教学成了教师施教的一种单边活动。尤其是与"中考"有关的阅读课的教学，变成了翻译课、语法点讲解课、习题课。教师在上面滔滔不绝地讲，强制学生在下面安安静静地听。这种抹杀学生"学习主体"、"重教轻学"的教育思想，在过去中考命题"以知识立意"、着眼于知识覆盖面的时期，对部分学生是起过一点作用的。但在现阶段中考命题"以能力立意"、重视学生的英语实际应用能力与创造能力的今天，这种陈旧老化的教学模式已很不适用了。

因此，英语课堂教学的过程就是要确保学生主动积极地参与课堂活动，鼓励学生大胆质疑，敢于创新。要把阅读课的教学，变成学生的讨论课、报告课、演讲课、研究课。正如教游泳，必须让学生自己下水游，学生才能学会、才能学好。

其次，教师要调整教学重点，实现"课本语篇"向"真实语篇"的顺利过渡。课本语篇就是教材中的语言材料。由于长期以来教师受传统教学观念的影响，单词个个开花、句句语法分析，再加之忽视学生学习策略的培养，其结果使学生不擅长在整体语篇的基础上去捕捉掩盖在语言表层下面的深层信息。造成这种状况的主要原因是学生在学习过程中所接触到的文章较多是"温室里的花朵"。具体表现在：普遍性较多，特定性较少；直接阐述较多，修辞文采较少；通用性较多，真实性较少；共性较多，个性较少；明确性较多，隐蔽性较少；清晰性较多，模糊性较少；表层含意较多，暗含意思较少；说明解释较多，想象空间较少。一旦学生遇到原汁原味的真实语篇，便很难找到感觉，一时间束手无策。真实语篇的最大特点就是作者的想法不是以简单明确的形式阐述的(1、2、3；因为……所以……；虽然……但是……)，而是使用富于变化的语言修饰手段来描述与中心话题有关的事实和信息，其结果是众多熟悉"课本语篇"的学生误解了作者的核心意思。

实际上，"真实语篇"中含有"课本语篇"学过的和"中考语篇"考过的最基本的词汇和语法。熟悉"真实语篇"的写作方法，积累语篇处理的经验，大量接触最基本的词汇和语法，可有助于形成认知语篇的能力。应观察"真实语篇"在交际中的应用，积累阅读"真实语篇"的经验，形成与"真实语篇"的作者产生共鸣的自然语感，即依据"课本语篇"、精读"中考语篇"、亲近"真实语篇"并实现顺利过渡。

几年来，通过对沈阳市中学英语教育的知识重点和考试模式的掌握，上好复习课离不开洞悉中考、巩固、拓展、互动、反思调整五个关键环节。

一是洞悉中考。作为毕业班的教师，不仅要挖掘教材了解英语新课程的标准，更要深刻分析中考试题。要熟读细品中考考试说明，研究中考的命题思路，把握考纲。让学生做有价值的习题，争取短时高效。

二是巩固。复习课不仅是对单词及句子的复述，更是对教学内容的补充与提升的过程。教师必须先熟悉"课程标准"，通过"课程标准"的要求来衡量所复习的语法及语言点在本单元、本册及整个教学内容中所占的比重，在复习时真正做到重点突出、难点突破、语言点不漏，避免盲目性，这样才能收到预期的复习效果。这些知识与技能的训练，不能脱离语境，语境的创设至关重要。脱离了具体的语言环境，单词或句子的练习就成了无源之水、无本之木。

三是拓展。在以往掌握教学内容的基础上，结合复习课的特点，有目的、有针对性地对学生的知识面、学习技巧进行拓展和延伸，让学生掌握规律，把知识内容转化为能力，培养他们思维的广阔性和创造性。要提高阅读理解考题的得分率，就要在平时的英语教学中确立正确的教学观念，运用科学的教学方法，关注英语教学中的文化策略，进一步重视语篇教学，注重在不同的情景中培养学生的逻辑思维能力、分析推理能力和综合运用英语的能力，使不同层次的学生均有所获。我们要开动脑筋，选择以"课程标准"中所规定的话题为依据，注意对学生的跨文化意识和交际能力的考查。体现时代感和人文精神，引导学生关注人类、关注社会、关注自然和谐发展。这就对新课程的实施和英语教学改革具有明显的导向和推动作用。教师在备课时，应考虑与当天教学内容相匹配的一些牛津教材书本以外的知识，不能让学有余力的学生的知识面只局限于书本。既让学有余力的学生有更好的发展，也让全班学生有更多的输入量。教师应根据学生的实际水平，有选择地选取拓展部分内容，作为学生更高层次的能力的体现。

四是互动。学生的接受能力和学习基础是有差异的，通过在课堂中提问、游戏、小组合作、写作等多种形式，调动不同层次学生的学习兴趣和信心，并在教学过程中不断给予鼓励和强化。

五是反思调整。复习课的好坏决定着中考的质量，可见复习课的重要性。因此，我们要上好每节复习课。教师要不断反思自己的教学行为，反思学生获取知识的价值取向，反思每一复习阶段的策略是否进一步调整。一方面，要积极改进复习方法，进一步提高学生的学习积极性，满足他们的心理要求。另一方面，要对复习内容进行积极处理，调整复习思路。

总之，复习是同遗忘做斗争的重要手段。它是强化记忆，熟练掌握基础知识和基本技能，并使之转化为能力的重要手段，应使学生把忘的记起来、漏的补上、错的纠正、差的赶上。在复习的过程中，要始终围绕提高学生的学习主动性，提高学生听、说、读、写的综合水平，提高活用能力和应变能力，达到温故而知新的目的。

二、教学目标

下面，通过《牛津英语》9A 第一章 Reading 部分复习课的教学案例进行详细说明。

(一) 具体目标

知识目标。巩固旧知识，对单词、句型进行复习，熟练掌握知识点，包含在1600词汇中的本课单词，非谓语动词 His job is to be a / an... 和 He enjoys doing... 两个常用句型。

能力目标。拓展学生阅读能力，改变学生以往阅读中养成的"词语——句子——语法——翻译——答案"的阅读习惯。这种习惯的缺点在于，不仅阅读速度慢，而且不能把握文章的主要脉络，更可怕的是忽略了整体理解，缺乏宏观的英语阅读能力。所以，从阅读策略入手，从阅读视幅、快速心读、回读等步骤，改变学生的阅读习惯，提高学生的阅读效率，并且以阅读能力的提高来带动英语写作能力。

德育目标。行为养成习惯，习惯形成品质。

(二) 制定教学目标的依据

1. 培养处理词汇的能力。选材中出现生词完全正常，平时培养处理词汇的能力，考试中才能应对所面临的各种情况。在熟练记忆一定数量词汇的基础上，利用原汁原味的语言材料提高语言欣赏水平，体会把握用词的多样性、准确性与得体性，进而切实提高自己的英语表达水平。

2. 培养阅读技巧，形成阅读策略。在阅读过程中，要充分重视语篇的选材背景。从运用语言的角度来看，对所读材料不很熟悉是完全正常的，应该有此心理准备。尤其是英语语言文化背景鲜明的内容，需要凭借自己的阅读能力，读懂材料，获取信息，解决问题。

3. 学会了解文章的语言结构。在真实的语言环境中，所接触材料的篇章结构和语句结构往往是丰富多样的。这就需要通过大量的阅读实践，掌握它们的结构，考试中能够迅速突破，克服障碍，把握大意。

4. 加强写作训练。复习时应该注意，想要写出更为精彩的英文，必须通过听、读这类接受性的(receptive)语言活动,才能提高对语言的感悟能力,即语言意识。只有通过与真实语言的充分接触,才能让自己获得一定的鉴赏力。对于篇章结构和语言表达中的多样性、连贯性、准确性和得体性,要经历从观察和品味再到模仿的练笔过程,逐步增加量的积累,进而达到运用英语熟练自如地进行表达的程度。

(三)教学目标的实施途径

1. 激发兴趣。创设以学生为主体的复习课堂,激发学生复习的积极性。

2. 扩大容量。整合学生所学知识,扩大复习课的容量。力求层次迭起,吸引学生的注意力,使其保持活跃的学习积极性。

3. 对症下药。重点突破学生的薄弱环节,使其通过复习查缺补漏,体验进步,增强自信,令其感悟到复习课极为重要、复习课必不可少,从而更加认真主动地复习。

4. 培养习惯。通过由浅入深地培养学生良好的阅读习惯,由好的习惯逐渐形成学习的能力,从而达到享受英语的目的。

三、教学流程

(一)教学重点

充分调动学生学习语言的主动性,在提高综合运用语言能力的基础上,突出阅读训练,提高阅读速度,扩大词汇量,并着重培养处理词汇的能力。同时,注意感受英语语言背景文化。具体表现在:

1. 培养语篇意识。语言学习的基本单位是语篇,中考命题的基本特征之一也是"突出语篇",教学中必须注重语篇分析理解能力的培养,知识系统应按语篇调整,基本技能的训练也应落实到语篇上,力求形成以语篇为中心的教学模式。

2. 加强综合训练。要特别重申对资料的"慎选善用",加强训练的针对性。上好每一节复习课。强调读、写方面的语言活动与思维活动,以提高语言运用能力为出发点。

(二)备课

我选材于《牛津英语》教材9A第一章Reading部分。回忆起以往的新授课,教师要给学生呈现词汇、短语、句型,逐句翻译课文,恐怕学生有任何一点疏忽、遗漏,一个 Reading 部分往往需要两三个课时。然而,复习课的特点首先就是时间上的局限性。教师需要重新整合知识内容,压缩为一课时。其次,复习课是巩固旧知识、发展新技能的重要课型,它的作用就是帮助学生重温已学的知识,使记忆中的痕迹得到强化,并对已获得的知识加以整理、归纳、概括,使知识条理化、系统化。就近几年的中考来说,培养学生阅读的技能和策略,有效地提高阅读水平才是教学重点。因此,教师不能忽视复习课的重要性,复习课上不好,往往会变成旧课的重复、新课的再版。这样做,不仅不能发挥复习课的作用,而且会使学生因乏味而降低学习兴趣和主动参与教学的积极性。那么,这就要求教师抓基础(目的是关注所有学生)、促能力(目的是关注中间力量)、扬发展(目的是拓展优秀学生)。

(三)教学步骤

第一步:导课

A. 猜词游戏:What's his /her job ?

游戏准备:

1. a person who designs, builds machines, bridges, railways, etc. ...an engineer.

2. a person who practises any of the fine arts, esp painting... an artist

3. a person whose work is filling, cleaning and taking out teeth, and fitting artificial teeth... a dentist

4. a person who plays a game... a player

5. a person who works in business, esp the manager of a company...a businessman

6. a person, esp a police officer, whose job is to research and solve crimes...a detective

活动目的:引出复习的话题——侦探。

B. 提问:"侦探是干什么工作的?""通常他们喜欢做什么?"

问题针对的范围:学习比较吃力的学生可以在书中找到答案;学习出色的学生自己总结答案。

活动目的：熟练句型 His job is to be a/an...

He enjoys doing...

第二步：课文复习

A. 学生朗读课文。方式：第一遍全体学生默读，第二遍全体学生出声齐读，第三遍4个小组分段落读。

B. 检查作业。课前布置了复习任务，利用课上2分钟时间提问单词和短语(1600词汇包含的内容)。

参考资料

1. want to do sth　　　　2. to get information　　　3. work as a / an

4. let sb do/ not do sth　 5. deal with ——do with　6. live alone

7. enjoy collecting　　　 8. two million yuan　　　 9. show sb sth / show sth to sb.

10. look for—— find　　11. break into　　　　　　12. in the end = at last= finally

13. buy sb sth/ buy sth for sb　　　　　　　　　　 14. as well / as well as

15. instead of　　　　　　16. be free　　　　　　　17. My job is to do…

18. interview　　　　　　19. both—— both of

20. steal from——stole——stolen

活动形式可以是听写或口头提问。

C. 学生自主提问。让学生就课文内容尽可能多地提出问题，尽量是特殊疑问句，并简略回答。

活动方式：前后四人一个团队，教师可参与在一些需要帮助的团队中，起到帮手的作用，帮助学生整理问题，找出答案。

活动目的：

1. 培养学生团结合作、互帮互助的精神。

2. 巩固对文章的理解。

3. 鼓励学生创新。

参考资料(学生问题)

1. What is Mr Li's hobby?　　　　　　2. What did he purchase?

3. How much did it cost him?　　　　 4. What did he lock at his house?

5. Where did he lock it at his house?　 6. What happened that night?

7. What did he do next?

8. What clues did Ken find at first?

9. Where can Ken see much mud?

10. How was the carpet inside?

11. Who was the suspect?

12. Was the earring Jill's?

13. Who do you think stole Jill's earring?

14. Who stole the vase?

15. Why did he do that?

16. At last, where was Li sent?

17. What does a good detective usually do?

活动反思：教师应该在最后抓住德育教育的机会，向学生提出问题："what can you learn from the story? Or what does the writer want to tell us according to the story？"这样让学生用自己的话总结出来：It's very important to be an honest man...

第三步：巩固练习

根据中考题型，改写文章。题型一：短文填空。这个练习的设计照顾了中下等水平的学生。

| alone his spotlessly as both only if mud broke stealing |

Ken works __1__ a detective. Recently he dealt with a case. In this case, Mr Li is a very rich man who lives __2__ and enjoys collecting things. He purchased a vase with two million *yuan*. He showed it to __3__ two people—his friends Jill and Jenny. Then he locked it in the safe at __4__ house. That night, someone stole it. Li reported the theft, and Ken went to his house to look for clues.

He found a black pearl earring near the open safe and outside the open window of the room, and he saw a lot of __5__ on the ground. Inside the room, the carpet was __6__ clean.

Ken interviewed Jill and Jenny. But they __7__ denied stealing the vase. He noticed that Jill was wearing a black pearl necklace— but no earrings.

Ken needed proof. A good detective never jumps to conclusions. After interviewing, he decided that no thief __8__ into Li's house. He questioned Li, and in the end, Li admitted __9__ his own vase. He had bought insurance for it. The insurance company would pay him two million *yuan* __10__ the vase was stolen.

Now, Li is behind bars.

1._____ 2._____ 3._____ 4._____ 5._____
6._____ 7._____ 8._____ 9._____ 10._____

活动目的：抓实基础知识，学生有动笔写英语的机会。

题型二：综合阅读。这个练习主要是针对中上等水平的学生。

Ken works as a detective. Recently he dealt with a case. In this case, Mr Li is a very rich man who lives alone and enjoys collecting things. He purchased a vase with two million *yuan*. He showed (A) it to only two people—his friends Jill and Jenny. Then he locked it in the safe at his house. That night, someone stole it. Li reported the theft, and Ken went to his house to (B) ____ clues.

He found a black pearl earring near the open safe and outside the open window of the room, and he saw (C) <u>a lot of</u> mud on the ground. Inside the room, the carpet was spotlessly clean.

Ken interviewed Jill and Jenny. But they both denied stealing the vase. He noticed that Jill was wearing a black pearl necklace—but no earrings.

Ken needed proof. A good detective (D) <u>从不轻率下结论</u>. After (E) <u>interviewing</u>, he decided that no thief broke into Li's house. He questioned Li, and (F) _____, Li admitted stealing his own vase. He had bought insurance for it. The insurance company would pay him two million yuan if (G) <u>the vase was stolen</u>. Now, Li is behind bars.

1. 在空白处(B)、(F)填入漏掉的单词或词语：_____；_____。
2. 文中(A)指代的是：_____。
3. 将画线部分(D)译成英语：_____。
4. 将画线部分(G)改写为同义句：if_____ the vase.
5. 写出画线部分(C)、(E)的同义词或近义词：_____；_____。

活动目的：使一部分学生在学习上有一定的飞跃。开拓思路，处理好基础知识与阅读能力的融合。

活动反思。当初新授课的时候，要求全班学生把课文背下来。结果发现，学生很难达到教师的预定目标，教师和学生都一筹莫展。与此同时，也降低了学生的学习兴趣、学习动机及成功体验。在上这节复习课之前，我改变了观念，重新调整教学模式，分层设计了教学目标，使教学效果很有成效，也使学生尝到了学习的乐趣。

第四步：拓展练习

活动目的：阅读能力包括认读能力、理解感悟能力、积累能力、欣赏能力及运用能力等。阅读整体教学中最重要也是最难的一个环节就是通过前几个步骤的实施训练，达成培养学生感悟、欣赏和运用等能力。本节课主要是根据课程标准中所提及的话题，结合本章节内容，慎重选取三篇阅读语篇，让学生进行实地演练，备战中考。

活动要求：规定阅读方式(默读，不准发出声音，不准用手一行一行地指读)；规定阅读时间(5分钟之内完成)；画出每个答案的出处。

阅读语篇一

The mystery stories of Sir Arthur Conan Doyle are famous all over the world. The detective in his stories is called Sherlock Holmes. He can look at someone who comes to him for help and tell them things about themselves that are amazing.

His assistant is Dr Watson. The very first time they meet, Holmes astonishes Watson. When they are first introduced, Holmes says to Watson: "How do you do? I see you have been to Afghanistan."

Watson is too amazed by this to ask Holmes how he knows this. Watson has, indeed, been to Afghanistan. Later, he asks Holmes about it. Holmes explains tht there is nothing magical about what he does. It is all down to very, very careful observation.

Observation One

Watson was introduced to Holmes as a doctor, a medical man. Yet Holmes thought that the way he stood and walked made him seem like a soldier. So, this meant he was probably an army doctor.

Observation Two

Watson's face was quite dark skinned. But his wrists were pale. So his dark face was probably tanned. This meant that he had been to a hot, sunny country. As he was a working doctor, this was not a holiday. He must have gone with the army.

Observation Three

At the time, the British army had soldiers at bases in many parts of the world. So there were still a lot of places to choose from. However, Holmes saw that Watson Looked very tired, as if he had had a lot of stress. He was holding his left arm stiffly, as if it was painful. So, he had probably been with the army to a place where they were fighting. There was only one place where the British army was fighting at that time: Afghanistan.

1. What's the name of the detective in Arthur Conan's stories?

2. What about his assistant?

3. What do you think of Afghanistan, a country or a language?

4. Has Watson been to Afghanistan?

5. How does Holmes come to the conclusion that Watson is a doctor?

活动准备：选材于福尔摩斯探案集中的一篇文章，满足了初中生喜欢探索的心理，同时培养了学生的推理能力。

阅读语篇二

Barack Obama is the new president of the US. You may have seen him on the TV. He is always surrounded（包围）by men in suits and dark glasses. Who are they? They are the Secret Service. Their job is to look after the president.

Secret Service officers are often exciting characters in books and movies. But what exactly do they do? Read on to find out more about the people with the job of protecting America's leaders and their families.

History

*The job of the Secret Service today is to protect public officials. However, when the service was set up in 1865, their responsibility was to protect America's currency. At the time, forgers（造假者）were a big problem. About a third of America's money was fake. This is why President Abraham Lincoln created the United States Secret Service. He wanted to find those responsible.

*The first 25 US presidents had no special protection. That changed after

President William McKinley was murdered (谋杀) in 1901.

Who gets protection?

About 30 people get full-time protection in the United States (there are more in an election year). Included are：

*Presidents and vice-presidents and their spouses (配偶), for up to years after leaving office, and their children up to the age of 16.

*Candidates for president and vice-president, their spouses and children. This cost is about $500,000 a month.

*The Secret Service also usually protects 80 to 200 visiting foreign political leaders each year.

What do agents (特工) do?

*Teach the president how to wave and move.

*Test his or her food for poison.

*Use special radio channels to keep in touch with the police and other agents.

*Use X-ray checks and search bags before allowing people into certain areas.

*Check lists of people thought to be dangerous.

*Make up counter- sniper (反阻击) teams.

1. The US Secret Service was set up to _____.

   A. change fake money into real money

   B. find people who make fake money

   C. protect important leaders

   D. stop money from being stolen

2. Today the job of the Secret Service is to _____.

   A. write books and make movies

   B. protect America's leaders and their families

   C. attend the inaugurations of US presidents

   D. help the police find the bad guys

3. When did the US president begin to have special protection?

A. When the first president came to power.

B. When the Secrect Service came to being.

C. After Abraham Lincoln became US president.

D. After President William McKinley was killed

4. According to the story, which of the following is True?

A. Only Barack Obama and his wife were protected at the inauguration.

B. More people are protected by the Secret Service in election years.

C. After a president leaves office, he or she isn't protected by the Secret Service.

D. President William McKinley created the United States' Secret Service.

5. The agents do all the following Except _____.

A. taste food for the president

B. prepare speeches for the president

C. teach presidents how to wave and move

D. check people who are thought to be dangerous

活动准备：以"美国总统奥巴马身边的特工都有什么本领"为背景，使学生了解现实中美国特工的生活。

活动面对的群体：此语篇较难，适合英语学习成绩比较突出的学生，然后让他们带动学习吃力的同学，体现了同学之间互帮互助和小组合作的意识。

活动形式：当学生能完整理解文章内容，掌握了一定语言结构后，我就要求学生对文章进行评论，发表自己的看法（口头或写作的方式，根据班级学生水平而定）。回想刚开始时，大部分学生有一点畏惧心理，也没形成这种阅读思维习惯，不知道说什么。英语程度较好的学生，也是简单几句，草草收场。于是，我组织学生讨论，设计不同层次的要求：程度低的学生可以根据一些主题句把作者的写作思路表达出来；中等学生可以从一个角度来评价文章，恰当地表达自己的看法；少数程度好的学生可以多角度地讨论文章，形成自己的见解。我鼓励学生多想，多互相交换意见……从一点一滴做起，一遍又一遍，学生逐步从敢讲到有话要讲，相互之间有小小的争论，撞出新的火花。

活动目的：培养学生发现事实（facts）、领会大意（main idea）、利用语境（context）的能力。

阅读语篇三

Once there lived a man who was so lazy that no job was fit for him. In order to make a living, one day he went to a neighbour of his for help. The neighbour advised him to be a cemetery caretaker as it was the easiest job.

The lazy man was delighted and soon became a cemetery caretaker. But to everybody's surprise, he resigned his job three days after he got it.

"it's unfair," he said to the neighbour angrily. "In the cemetery all the others are lying quietly while I'm the only one who has to stand."

活动目的。培养学生推理推测、归纳总结、有效获取信息的能力。请学生猜测 a cemetery caretaker 的含义。先帮助确认这个词的词性（名次）、范围（职业）、有效信息（In the cemetery all the others are lying quietly while I'm the only one who has to stand.）、结论（墓地看管员）。

活动面对的群体。这个活动已经是在一节课的末尾，一些学生的注意力有所下降。这个活动的目的就是为了活跃课堂气氛，调动全班学生共同参与的积极性。

第五步：课堂总结

就这节课的内容，进一步强调所要掌握的基础知识，及其在阅读中应该注意的阅读策略，即发现事实（facts）、领会大意（main idea）、把握顺序（sequence）、利用语境（context）、归纳总结（conclusion）、学会推测（inference）。

第六步：布置家庭作业

本节课所涉及的语法知识是非谓语动词的用法，可通常学生在掌握 doing 的时候有一定的难度。所以，我布置的作业是写"My father / mother"。要求的写作内容是，写出他们的年龄、外貌、职业、工作地、工作方式、喜好等。这样一来，就把以前学的知识进行了复习，对本章的语言点进一步强化。

本节课教学效果与思考

经过一年多的实践，把复习课与阅读课融合在一起，发现学生的阅读能力有较大的提高，尤其整体把握文章效果显著。以前，学生拿到文章就逐字逐句地看，看完以后还云里雾里；而整体教学中贯彻实施的阅读技能对学生帮助很大，阅读速度也明显提高。通过这种指导性的阅读训练和教学实施，以前三分之二的学生害怕阅读，到后来大部分学生喜欢阅读，甚至有个别学生在英语考试中，抢先做的是阅读部分。由此可见，学生学习英语的兴趣提高了，自信心也加强了。

传统的复习课，教师一言堂，只复习书本上的语言点和词汇内容，注意语言点及语言本身的结构，把文章揉碎了来教，学生难免只看到树木而看不到森林，导致学生的阅读能力没有提高，看到长的、生词多的文章就望而却步。

阅读的整体教学符合了阅读的一般规律，阅读是一种主动的"猜测——证实"过程，是一种作者和读者相互交流的过程。这有助于培养学生在阅读中获取和处理信息的能力，也能促进学生语言技能的发展。

但在实践过程中，也反映出一定的问题。例如，学生英语水平参差不齐，有些环节如评价和讨论课文，内容程度拔高后，一些学生参与不进来，整个班级只有部分学生在发言，大部分学生处于被动状态。因此，我以后要更精心地备课，针对学生中思维和理解能力的层次差异，合理设计思维层次，进一步优化教学。

【评析】吴春燕老师的这节《牛津英语》9A 第一章 Reading 复习课很好地体现了当前的课改精神，落实了高效课堂激发学生自主学习、分组探究的理念。她以教师设计引领为主导，以小组学习为载体，从课前准备、课堂设计、上课等环节，为我们完整地呈现了高效英语复习课堂的操作流程，具体细致，操作性强。

课堂的准备工作是从"猜词游戏"开始的。游戏的运用很强烈地激起学生对英语学习的兴趣，把学生迅速带进英语的世界中，为学生下一步学习做好积极的铺垫。

接下来的"自主学习、分组合作"环节，教师关注学生的团队合作、互帮互组的作用，不但为学生自学选取方式、指明方向，还在学生小组"兵帮兵"活动中进行指导、点拨，引导学生在教师的辅助下自主探究、相互合作。

巩固练习和拓展练习是学生的展示环节。阅读篇目中的"福尔摩斯"和"奥巴马"使学生的兴趣极大，引起学生多元开放的思维，增强了学生的求知欲、表现欲，彰显了学生的个性。在阅读和讨论中，培养了学生之间相互帮助的品质及同伴合作的意识。

教师在课堂最后的总结梳理，有助于学生进一步掌握本节课的重点内容及相关阅读策略。

可以说，吴春燕老师通过"复习课与阅读课融合"的方法，在课堂上发动学生、信任学生、解放学生，既提高了学生学习英语的兴趣，又促进了复习课的高效率，是值得借鉴的英语复习课模式。(张秀君)

案例四　在思考中前行
——怎样优化设计一节物理课

李岩莉

我认为，优秀教师都具备一定的教育素养，他们的教育素养从备课中就能看出来。优秀教师是按课程标准而不是按照教科书来备课的，每一位教师不仅是教书者，而且是教育者。教育和教学的技巧和艺术就在于要使每一名学生的力量和可能性充分发挥出来，使他们享受到脑力劳动中的成功的乐趣。有一位非常优秀的教师，在谈到自己备课的情况时说："我周密地考虑每一位学生在上课时将做些什么。如果学生没有在掌握知识的道路上前进哪怕是很小的一步，那么这堂课对他来说就是白费了，无效劳动——这大概是学生和老师可能遇到的莫大的严重的危险。"我经常思考：一节好课的标准是什么呢？在备课之前，我们应该从以下几个方面进行思考：

一、对评价标准的思考

对于一节课，评价标准其实就是教育目标。我们有什么样的评价标准，决定了我们课的定位。现在我们进行的教育改革其实是对教育价值的重新选择，归根到底是对人才标准的重新选择。而今天，我们的许多教育者仍然关注的是怎样制造成绩优秀的学生。许多教师关于学习策略的研究，基本上是围绕如何提高考试成绩来展开的，以考试成绩作为检验的标准。这不能不说是一种教育价值观上的偏失。从我们掌握的大量的学生资料中发现，教师认为优秀的学生，在职业发展的黄金阶段不再优秀，这一现象背后的原因值得我们深刻反思。学生时代拔尖，并不能说明以后一定拔尖；而学生时代不显拔尖的学生，后来变为拔尖的大有人在。这就说明，我们对于学生的发展规律的认识还很缺乏。事实证明，在人生的道路上比聪明和知识(或成绩)更重要的是兴趣、价值观和人生态度。一个人能否成为某个领域中的杰出者、领军人物，关键取决于他是否具有持续的兴趣和动力，能否在一个领域中坚持不断地发展下去。这不是智商的问题，而是价值观的问题。这是我们以往的教育重视不够的问题。创造需要激情，需要积极乐观的人生态度。我们常常这样教育学生，学习就要刻苦，要头悬梁、锥刺骨、十年寒窗，忍受痛苦的煎熬。工作也是一件苦差，一些杰出人士都是牺牲了个人幸福的生活、克服了巨大的痛苦才取得辉煌成就的。这是一种十分错误的教育观念。一个人在痛苦的心境下，是很难产生创造的激情和灵感的。事实上，对于杰出的人物来说，思考就是享受，这是一种智者的享受。他们的幸福主要来自于对工作乐趣的享受。学生只有形成这样的生活观、工作观和人生态度，他们才有可能成为未来社会的人才。基于上述观点，我们认为一节课的定位更应该重视让学生享受学习的乐趣，体会在成长中的进步。

二、对信息技术与课程整合的思考

提起信息技术在教学中的应用，教师总是把信息技术作为演示工具，在如何突破难点上下工夫，把学生封闭在教材或简单的课件内，使其和丰富的资源、现实完全隔离。机械地按照教材的安排和课时的要求来设计所有的教学活动，如果课程内容较少，就安排一些讨论，多设计一些活动；如果课程内容较多，就采用"满堂灌"的形式，力保不超时、不少时。在这个过程中，虽然采用一定的辅助软件，但信息技术的引入，只是在帮助教师减轻教学工作量方面取得了一些进步，而对学生思维与能力的发展，与传统方式相比，并没有实质性的进步。而今天信息技术与课程整合应表现在：教学观念和教学设计的指导思想、教师的角色和学生的角色等都发生较大的变化。教育者日益重视学生对所学知识的意义建构，教学设计从以知识为中心转变为以资源为中心、以学为中心，整个教学对资源是开放的，学生在占有丰富资源的基础上完成各种能力的培养，学生成为学习的主体，教师成为学生学习的组织者、指导者、帮助者。信息社会需要有信息能力的新型人才，而信息能力就是指获取、分析和加工信息的能力。随着网络技术的飞速发展，网络资源可以说是浩如烟海。如何在广袤的信息海洋中快速、准确地找到自己所需的资源，如何迅速地判断资源的价值并对其进行取舍，如何合理地将资源重新组合为己所用，这些都关系到个人和团队的成败。用信息技术提供资源环境就是要突破书本是知识主要来源的限制，用各种相关资源来丰富封闭的、孤立的课堂教学，极大地扩充教学知识量，使学生不再只是学习课本上的内容，而是能开阔思路，看到百家思想。在此层次，主要培养学生信息能力中获取信息、分析信息的能力，让学生在对大量信息进行筛选的过程中，实现对事物的多层面了解。所以，教师在备课时，要有目的地对信息技术进行综合发掘利用，构建课堂信息技术运用体系，使信息技术全面服务于学生的发展成长。

三、对教师的理念的思考

作为物理教师，可能被问过很多次："学物理有什么用？"张大昌老师说："'用'有三层意思。一是最低层次。例如，物理对我自己是有用的，因为它使我有了职业，能够养家糊口。对于很多技术人员也是这样。二是较高层次。学了物理能够发展我们的科学技术，报效祖国、造福人类。这样的境界就高了一些。三是更高层次。学习物理使我们接触了一种重要的人类文化，提高了我们的文化修养，打开了又一个心灵的窗口，能够更好地、更深刻地享受今天的幸福生活。"我们要把物理教学定位在哪个层次呢？关于学生的学习兴趣，张大昌老师说："兴趣是情感、态度与价值观的重要内容。过去，我们说有了兴趣可以更好地学习知识，落实在知识上。现在呢，兴趣本身是课程目标的一部分，是健康的心理发展的重要组成。"怎样才能保持学生的兴趣？提高兴趣可以有一些技巧，但不是主要的。主要的是教师要问问自己，作为物理教师，你自己对物理有没有兴趣？它是否只是谋生的一种工具？将来退休了，不再教书了，是不是像学生毕业了一样要把物理书抛到九霄云外去，还是会因为时间充裕了，要想一想过去一直没有想明白的物理问题。由于教师和学生集体在精神上的一致性，教学过程不是单单归结为传授知识，而是表现为多方面的关系。共同的、智力的、道德的、审美的兴趣把教师学生结合在一起。课是点燃求知欲和道德信念火把的第一颗火星。教师不是教育思想的抽象的体现者，而是活生生的个体。他不仅帮助学生认识世界，而且帮助学生认识自己本身。在这里，起决定作用的是：学生从教师身上看到是什么样的人。教师对于学生来说，应当成为精神生活极其丰富的榜样。曾经有一位优秀的历史老师，他上了一堂非常引人入胜的好课。有人问他："您花了多少时间来备这节课？"那位历史老师说："这节课，我准备了一辈子，而且每节课我都是用终身来备课的。"这段对话打开了一个窗口，使人窥见了教育技巧的一些奥秘。怎样备课呢？这就是读书，每天不间断地读书，无论是网络的还是图书馆的。读书不是为了应付明天的课，而是出自内心的需要和对知识的渴求。如果不想在备课时单调乏味地死抠书本，那就要读书。一些优秀教师的教育技巧之所以提高，正是由于他们持之以恒地读书，不断地补充他们的知识。

苏霍姆林斯基说："一节课的关键不应是教了什么，而应该是能否激发起学生的好奇心，使学生能够自觉自愿地走上探索之路。"现在，有许多教师看到"知识"这个概念就想到会回答提出的问题，这种观点导致教师对学生的脑力劳动和能力做出片面的评价。只要能把知识储藏在记忆里，一旦教师要求，立刻就能把它"倒出来"，这种学生是有能力、有知识的学生。这样做的结果是知识脱离学生的精神生活，脱离他的智力兴趣，掌握知识变成了毫无乐趣可言的事，变成了为知识而知识。只有当知识变成精神生活的因素，吸引人的思想、激发人的兴趣和热情的时候，才能称为真正的知识。教师应当努力使知识既是最终目的，又是获得新知识的手段和工具。要不断地充实自己，健全自己的知识能力、情感态度价值观，同时让自己成为积极生活的榜样，这也是教师备课的主要功夫。

那么，我是怎样备"平面镜成像"这一节课的呢？

我有着近二十年的教龄，备课是我每天的功课，就像吃饭、睡觉一样，成为生活的一部分。在写这篇文章之初，我也在犹豫要选哪一节课呢？恰好有一项任务，我要在不久之后上一节公开课"平面镜成像"。因此，我就把这节课的教学设计作为我的备课的范例，也一并记录我备课的一些体会。

首先，一节课的教学设计要从"为什么学"入手，确定学生的学习需要和教学的目的。平面镜成像是生活中非常普遍的物理现象，学生平时通过"照镜子"，观察过无数次平面镜成像。像到底有什么样特点？学生一定非常想了解"它"、认识"它"，这就是为什么学。学习的过程是从学生生活中熟悉的现象出发，学生就有了浓厚的学习兴趣，再利用探究实验完成对平面镜成像现象的认识。那么，学生的学习就会始终处于兴奋状态。通过本节课的学习，进一步让学生感受到生活离不开物理。

接下来，根据教学目的，进一步确定通过哪些具体的教学内容才能达到教学目的，从而满足学生的学习需要，即确定"学什么"。九年义务教育阶段物理课程标准对平面镜成像这一部分内容的具体要求是：1.了解平面镜成像的特点；2.理解日常生活中平面镜成像的现象。对于学生如何了解平面镜成像特点，采用科学探究的学习方法，通过观察实验现象获得感性认识，通过对实验结果的分析论证，得出平面镜成像的特点的理论归纳，引导学生经历"平面镜成像特点"的探究过程，发展初步的科学探究能力，领略物理学习的特点和魅力。在让学生理解日常生活里平面镜成像的现象时，一定要从学生的生活实际出发，使学生进一步体会物理来自于生活。

要实现具体的教学目标，使学生掌握需要的教学内容，应采用什么策略，即"如何学"呢？这也是教师要思考的教学过程。在备课过程中，对于教学过程的设计一定要基于对学生的充分了解。离开学生设计教学，就仿佛是"空中楼阁"。对学生的了解，可以采用谈话的方式，而且要考虑到学生的不同层次及个体差异。教学设计要宽泛，不宜过细。毕竟，预设的问题并不是真实的教学问题，只有真正在课堂中生成的问题才更有价值。对于《平面镜成像》这节课，虽然平面镜成像是生活中非常普遍的现象，但它只是光学现象，摸不着也抓不住，而且学生还有许多错误的生活经验。例如，学生认为像会随着人离平面镜距离远近而改变大小。这些信息一定要在课前多收集，这样备课才能更充分。

备课之初，如何引入新课成了摆在我面前的第一道难题。平面镜成像，学生虽然熟悉，有一定的感性认识基础，但越熟悉的事物，越不容易激发起热情。如何调动起学生的学习热情呢？我在网络里搜寻了很久，终于一段"加菲猫的视频"打动了我，我选择它作为引课的资料，原因是这段视频确实有趣，非常符合学生的年龄特点。更重要的是它与本节课的课题如此相符。这段视频的故事是在一个小花园展开的，猫经过一片花丛时，发现了镜子中自己的像，它经过各种实验和努力，最后证明并不是像，而是另一只猫在和它开玩笑。我想，对这段视频这样处理：先放一段，让学生猜，是不是猫的像；随着故事情节的推进，自然进入平面镜成像特点这一课题。

有了好的开始，接下来就是要让学生了解平面镜成像的特点。该教学环节是通过探究实验完成的。以往的探究试验常常是教师已经准备好实验器材，在此基础上设计实验方案，这样设计出的实验方案基本是一致的，或大同小异，并不利于培养学生的创新思维和灵活多样的思考方式。基于上述考虑，我决定做一个尝试，改变由教师事先确定好实验器材的常规做法。本节课让学生自由选择实验器材。为了防止学生漫无边际地要求各种实验器材，教师可以提供尽可能多的备选器材，这样就可以确定更加开放的设计实验方案，缺点是教师需要准备的实验器材会多一些。上课时，我设想了多套实验方案，与学生进行了预习性的交流，准备工作尽量充分。我准备的实验器材包括玻璃板(薄厚不同)、平面镜、蜡烛(长短不同、多根)、火柴、跳棋子、手电筒、小灯泡、灯座、电池、导线、坐标纸、复写纸、光屏，刻度尺和直角三角板则由学生自带。我常常感慨，教师之所以进步，其中很大程度得益于教学相长。比如，在准备该实验时，要两根完全相同的蜡烛。但学生说，为什么不用长短不同的蜡烛实验呢？只有反复实验，才可知像和物大小是否相等。学生启发了我。对于我准备的实验器材，我的设想是，本来标准的实验是选用薄的玻璃板，但我也把厚的玻璃板备着，学生如有需要，也可以拿去。学生亲自实验了，才能明白其中的道理。我更期待学生拿着厚的玻璃板找我更换的那一刻，因为那时学生进步了。由于课堂环境封闭，要每组学生都选用蜡烛来实验，教室的空气质量会受到影响。鼓励学生选择替代品（如跳棋子），学生又可能会担心光线不够。为了启发学生设计好解决方案，我准备了手电筒、复写纸等。备课只是预想上课的情境，有助于教师在课堂上为学生的学习提供尽可能多的帮助。至于上课的真实过程，并不能完全符合教师的预设。完成探究实验的准备环节后，我期待着学生在学习过程中有更好的设计思路。

在我的课堂上，每次让学生展示设计方案时，喜欢发言的总是固定的一些学生。其实，我观察到很多学生都有完整的设计方案。无论是课上还是课下，我都做了不少努力。可是，许多学生却羞于表达。我很担心，在未来的人生里，如果不敢将自己的想法勇敢地说出来，那可能就会遭遇很多的不顺利。因此，我想在课堂上给害羞的学生更多的鼓励，希望他们能超越自我。在分享设计方案时，我还预留了一个温馨提示环节，让学生尽可能考虑实验中可能遇到的问题及需要注意的事项，以便互相提醒。我注意到，随着物理课的推进，学生考虑问题越来越周到，很有"小学者"的风范。

我非常喜欢物理课上的探究实验环节。探究实验除了能够培养学生初步的科学探究能力，其更大的价值还在于整个探究的合作过程。学生在小组里，首先学会的就是团队合作。其次，组长在实验过程里的领导才能也会得到提升，组员之间彼此包容、互相促进。这种合作教育是在不知不觉中进行的，能收到"润物细无声"的效果。在学习物理初始的那些课上，我注意到，每到探究实验时，小组内总是乱作一团，分工不清，实验效率很低。但只要教师足够信任学生，给学生以空间，学生的成长是明显的。另外，实验小组的组长一定要实行轮换制，使每一名学生都有机会。

对于实验后的分析论证环节，除了总结出平面镜成像特点外，一定要对获得的像和物的位置的坐标纸好好利用，因为这样的实验结果是学生通过努力获得的劳动成果，理应得到尊重。我们可以引导学生利用坐标纸，根据光的反射定律制作光路图，这样还能帮助学生理解平面镜成虚像的知识难点。另外，在获得平面镜成像的特点这一部分知识后，要让学生学会学以致用。例如，安排学生利用平面镜成像来解释"水中的倒影"，一定要使学生感到知识是有用的。

关于平面镜成像的应用，我认为，一定要强调用辩证的观点来对待，一方面帮助了我们，但也有不利的一面。处理该问题，最好借助网络。网络上有大量的图片、文章，许多优秀的设计师利用平面镜来实现一些视觉效果，他们非常有才华。比如，香港汇丰银行大楼的设计师就是利用平面镜来完成照明效果的。还要查找有关"光污染"的资料，让学生认识到有了技术，还要善于利用，与自然和谐共处。课后，让学生利用网络或到图书馆，查找相关资料，写一篇科普小论文，谈谈自己的观点。这其中，主要培养学生获取信息、分析信息的能力，让学生在对大量信息进行筛选的过程中，实现对事物的多层面了解。最后，让学生利用平面镜组合，亲自动手做一做，从而获得不一样的视觉效果。教师要鼓励学生敢想敢试，勇于创新。

在课堂教学中，一定要预留让学生谈谈这节课的收获的时间。虽然课堂时间有限，不能让所有学生都发言，但即便没有说出来，学生也会在心里对这节课进行评估。这是让学生感受自己的进步，获得成功体验的非常好的机会。

附：教学设计

一、教学目标

知识与技能：

1. 了解平面镜成像的特点。

2. 了解平面镜成虚像。

3. 理解日常生活中平面镜成像的现象。

过程与方法：

 1. 经历"平面镜成像特点"的探究。

2. 观察实验现象，感知虚像的含义。

情感、态度与价值观：

在探究"平面镜成像特点"中领略物理现象的美妙与和谐。

重点：平面镜成像的特点。

难点：理解平面镜成虚像。

二、教学准备

教师准备玻璃板(薄厚不同)、平面镜、蜡烛(长短不同、多根)、火柴、跳棋子、手电筒、小灯泡、灯座、电池、导线、坐标纸、复写纸、光屏，刻度尺和直角三角板由学生自带。

三、教学过程

导入新课：

视频：《加菲猫》

在播放中适时暂停，让学生猜测下面的故事情节。

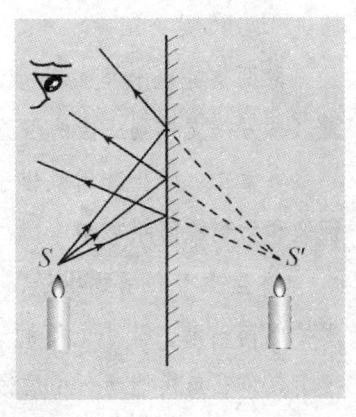

进行新课：

(一)探究平面镜成像的特点

1. 提出问题

由教师提出本节课的探究课题：平面镜成像有什么特点呢？

2. 猜想与假设

同学们猜想一下，平面镜成像可能有什么特点？(教师不做任何暗示，让学生充分想象)在本环节中，学生可能提出很多猜想(允许有不正确的猜想)。但由于课堂时间有限，本节重点用实验验证学生提出的以下猜想：像与物到镜面的距离相等；像是"近大远小"的；像与物体大小相同。同时，告诉学生，随着学习的深入，将会逐步验证。如有时间，也可讨论学生提出的其他猜想。然后，明确实验器材及使用方法。

3. 设计实验

①教师鼓励学生自主选择实验器材，根据实验器材设计实验方案，组织学生小组讨论，教师加以指导。

举例：

方案一：学生选用玻璃板、长短不同的蜡烛多根、火柴。

验证：像和物的大小是否相同。

把点燃的蜡烛放在离玻璃板远近不同的位置，观察像的大小(对此方案，教师要给予否定，利用人眼对同一架飞机在高空和跟前的不同视觉感受，说明仅凭眼睛观察来判断像与物的大小关系并不可靠)。

把一根中等高度的蜡烛放在离玻璃板较近的位置，拿另一根较高的蜡烛移到成像的位置处，观察它们能否完全重合。如果长度不同，无论怎样也不会看到火焰的像与之重合。通过这种方法，验证"近大"是否正确。同理，验证"远小"是否正确。

取两支完全相同的蜡烛，点燃其中一支，放在离玻璃板远近不同的位置。拿另一支移到成像的位置，比较像与后面蜡烛的大小关系。

方案二：学生选用跳棋子、手电筒、玻璃板、坐标纸、直角三角板，验证像和物到镜面距离相等。

(学生担心利用跳棋子，物体发出的光不够强，像会不清晰。所以，选用手电筒辅助，让手电筒的光照在棋子上。如担心玻璃板与水平面不垂直，可用直角三角板辅助。相信该实验效果一定好。)

②展示实验方案，鼓励小组之间互相补充，教师针对交流中暴露的问题加以修正。

③温馨提示：实验中的注意事项(由学生提出)

举例：玻璃板一定要竖直；后面的蜡烛与像完全重合；别忘记录物、像和玻璃板的位置及实验数据；实验时要注意玻璃板轻拿轻放，不要让蜡油烫到手；实验完毕，要及时熄灭蜡烛等。

4.进行实验

学生实验时，教师巡视观察，提供帮助，找到学生实验小组中有代表性的操作，收集实验过程中的问题，为交流和评估环节做准备。

举例：

如何确定像的位置？可以选择平面镜，实验中无论如何找不到像的位置,学生就会想到换用玻璃板。实验中,应提醒学生:怎样判断后面的蜡烛与像已经完全重合?在玻璃板的前面左右移动头部,直到从不同位置看起来后面的蜡烛和像完全重合为止。

关于实验次数的问题,可引导学生知道:一次实验有偶然性,不足以说明问题,至少要将蜡烛的位置改变一次,再重做一遍实验。这样要求的目的,是为了培养学生的科学态度,以免为了节省时间而忽略必要的实验环节,形成以偏概全的片面的思维方法。

实验记录表格

实验次数	物到镜面距离 /cm	像到镜面距离 /cm
1		
2		

5. 分析论证

利用实验数据分析,获得平面镜成像的特点。

(利用实物投影展示各学生小组的实验记录和数据,各小组派代表分析数据得出结论:像与物到镜面的距离相等。)

教师引导学生观察物像连线与玻璃板所在直线,这两条相交的直线的位置关系是怎样的?学生很容易发现平面镜成像的又一个特点:物、像的连线与镜面垂直。

要求:学生利用坐标纸上获得的像和物的位置,根据光的反射定律做光路图,以此分析平面镜成虚像。

6. 评估交流

学生交流实验中的困惑及遇到的问题。

7. 学以致用

利用平面镜成像的知识,解释"水中的倒影"。

(二)平面镜成像的应用

1. 有利的方面(课前布置学生查找相关资料)

学生通常会举例:(1)牙医用的小平面镜;(2)使小空间感觉变大;(3)潜望镜。

2. 不利的方面(如"光污染")

让学生畅所欲言，形成与世界和谐共处的生活态度。

3. 做一做

让学生利用两块平面镜制造各种光学效果，交流分享。

(三) 收获

学生谈收获，可以是知识与技能方面的收获，也可以是情感、态度与价值观方面的收获。

(四) 布置作业

查找资料，写一篇有关合理利用光的小论文。

四、板书设计(第三节：平面镜成像)

平面镜成像的特点　　　　平面镜成像应用

1. 像和物到镜面的距离相等。　1. 成像。

2. 像和物的连线跟镜面垂直。　2. 改变光的传播方向。

3. 像和物的大小相同。

4. 虚像。

【评析】在李岩莉老师设计的《平面镜成像》一课中，从教学目标看，更加注重三维目标的达成。在知识与技能目标中，利用分组实验的形式，既增加了学生的参与机会，又培养了学生的实验技能。对过程与方法有渗透的意思，但并没有明确地给予指导与点拨。例如，用玻璃板代替平面镜完成实验的方法为"替换法"等。从整个教学过程看，对情感、态度与价值观非常重视。

在教学内容上，本课抓住了重点是平面镜成像特点，对难点的处理也恰到好处，利用学生已有的知识——光的反射定律，来解决平面镜成虚像的知识难点。在引入新课环节，利用多媒体播放的动画片，选材角度新颖，激发起学生的好奇心，调动学生学习的积极性。探究平面镜成像特点这一教学环节，我认为是这节课的亮点。无论是实验器材的选择，还是实验方案的设计，都更加开放，对于培养学生的活跃思维、创新意识很有益处，给人耳目一新的感觉。另外，教学中注重与生活紧密联系，非常符合新课程理念下的"从生活走向物理"的理念。在讨论关于平面镜利用的利与弊时，能够升华到情感、态度与价值观层面。从教学技能方面看，显示了较强的驾驭教材的能力，教学设计考虑全面，体现了面向全体学生的教育思想。

最后，谈一点建设性的意见。如果能够在教学中适当放开，让学生主动思考、积极实践，教师只起引领的作用，可能教学效果会更好。同时，我还认为，对于学生的定位应是多层次的。(何晓东)

案例五 追求经典 力求深刻
——怎样优化设计一节化学课

李文辉

我一直希望自己教授的化学知识能深深地刻在学生记忆的"钢板"上，而不是写在"水"上。达到此效果的前提是我的课要精彩，精彩的精髓不是热闹而在于深刻，深刻源于备课教师的钻研。

备一节课容易，备一节理想的课难，备一节经典的课更难！

备好一节课，首先取决于教师的个人素质，其次取决于教师的态度、理念、经验等。这些问题不是一篇文章、一本书就能解决的。这就好比普通的面包，有的人不屑一顾，是因为他不喜欢；有的人吃起来津津有味，是因为他喜欢吃面包。我1993年毕业，1997年获得校级公开课的一等奖，不是悟性太低，而是因为当时的自己是不喜欢吃面包的那种。所以，我深刻地理解：有效备课的前提是"喜欢吃面包"。只有"喜欢吃面包"，才会开动脑筋研究哪种面包更好吃。话又说回来，我不是名家，我只能做出普通的面包，比馒头好一点的面包。我只有尽我所能，把自己备课中的一些做法、体会和盘托出，但愿读者会有所借鉴，而不至于倒胃口。

理想的化学课不单纯是化学知识的传承，而应着眼于学生科学精神的培养，要注意对学生学习兴趣的呵护，更应注意学生的科学体验与分享。在此基础上，关注教学效果，灵活运用各种教学技巧，巧妙并且合理地使用一些有效的教学手段。要时刻践行上述要义，备出的课应该差不到哪里去。这就是我对有效备课的理解。下面，我就以一节课为例，说明我是如何备课的。

备课题目：九年级《化学》第六单元 课题3-2 一氧化碳

一、研究课程设置的意图

研究课程设置的意图，似乎无关紧要。考的内容你都得讲，课本上哪个知识不讲能行？其实不然，研究课程设置的意图往往决定了备课的深度和广度。自己刚毕业时很难做到，只能满足于把课讲完。讲授的课枯燥乏味，很难做到深刻，是写在水上的那种。下面是我教授本课过程中曾经经历的三个阶段的理解：

第一阶段的理解：教授一氧化碳的相关知识，满足学生的升学要求。这是最低的理解与要求。

第二阶段的理解：研究一氧化碳的相关知识，在满足学生升学要求的同时，引导学生具备一定的解题能力。

第三阶段的理解：因为CO是生活中的常见物质，本科的教学有助于学生从化学的角度逐步认识自然与环境的关系，从而辩证地认识物质的利与弊。此外，这个课题的设置还会使学生在获得化学知识和技能的同时理解化学，联系社会生活实际和形成科学价值观的过程，对于培养学生的科学探究能力有很多的切入点。能增强学生对自然和社会的责任感，使学生在面临与化学有关的社会问题的挑战时，能做出更理智、更科学的决策。懂得运用化学知识和方法去治理环境污染，合理地开发和利用好化学资源。

二、备知识内容

把每个课题的知识内容教授到位，是对教师的最基本的要求。

解读"课程标准"，本课知识内容可概括为三部分：①一氧化碳的物理性质；②化学性质，如可燃性、还原性、毒性；③用途。其中的重点是一氧化碳的化学性质部分，其中的难点是一氧化碳的还原性。

把这个课题备到上述程度，只是初级教师备课能力的体现。实际上，要将本课讲授深刻、透彻，还有很多东西需要补充。

一是一氧化碳的物理性质部分：补充一氧化碳与我们学习过的气体二氧化碳、氧气的物理性质的比较；城市生活中使用的煤气为何有味；实验室制取该气体时的收集方法。

二是化学性质：可燃性、还原性及毒性部分。

可燃性部分需要补充：点燃或加热该气体前要验纯；煤炉取暖一氧化碳从何而来，煤气中毒的预防误区和正确措施；煤气爆炸的原因及微观解释。

还原性部分需要补充：一氧化碳还原氧化铜的实验注意事项及原因。

毒性部分需要补充：尽可能使用微观模拟手段使学生能够直观地理解毒性的原理；城市家庭使用煤气的注意事项、防范措施、如何急救及一旦煤气泄漏应该采取的应急办法及注意事项等。

用途部分需要补充：尽可能使学生建立起一氧化碳既有利又有弊的辩证意识，应取其利、避其害。

除此之外，还可以根据学生的情况介绍一氧化碳的污染来源及解决（或缓解）措施。

把本课知识要点备到上述程度，需要教师对课标、教材、习题、学生的研究，要根据学生程度进行取舍。同时，还需要教师不断地学习和积累。

三、备教学设计

要完成上述知识要点的教学，必须进行分解设计，同时辅助大量的多媒体资源。

（一）开课

本节课开课的方式应该有很多。在过去的教学中，我尝试过"开板就唱型"、"创设情景型"、"曲径通幽型"……开课的目的很多，但最根本的目的是把学生的精力短时间内吸引回课堂。对本课，我更习惯于用"曲径通幽型"。因为后面有大量的吸引学生的内容，不怕学生提不起兴趣。

五年来，我保持着下面的开课词："今天，我们共同学习一氧化碳。请大家先谈谈你对一氧化碳的了解有多少。"这样可以很快使学生的注意力集中，虽然简单，但效果较好。

（二）引课

1. "我们先来学习一氧化碳的物理性质……"
2. "大家一起分析，如何研究一氧化碳，从哪些方面入手？"

第一种引课的优点是直截了当，节约时间，但难以使学生了解研究化学物质的一般途径。我觉得，这个环节尽管在以前研究过氧气、水、二氧化碳，但重复化学研究的一般途径还是必要的，更何况有了以前的经验，学生回答这个问题并不算难。近年来，我一直保持着后者的设计。

(三) 知识点1：一氧化碳的物理性质

这部分知识是本课中比较容易的，呈现的方式是直接交代1、2、3，还是采取探究式或阅读教材归纳总结？首先，篇幅不宜过大，时间尽量缩短，为后边的重点留出充裕的时间。

如果直接交代1、2、3的话，学生印象不会太深。如果阅读教材归纳总结的话，教材中的相关内容又比较分散。此外，采取探究式的必要性也不大。

根据多年的教学尝试，我选择了综合上述三种的各自长处："根据你的经验，分析一氧化碳的物理性质有哪些。"正确的肯定、错误的纠正，答不出来的进行补充。时间紧凑，效果突出。

节省的时间用于"补充知识"的分析：①一氧化碳与二氧化碳（氧气）物理性质的比较；②城市家庭的煤气为何有味；③实验室制取该气体时的收集方法。

(四) 知识点2：一氧化碳的化学性质之可燃性

最初，我备这个环节的时候，只是讲完一氧化碳燃烧的现象及化学方程式即万事大吉。显然，学生分析问题的能力没有得到较好的挖掘。

后来，加上点燃或加热该气体前要验纯（煤气点燃不用验纯的原因）。现在，加上煤气爆炸的原因及微观解释、用煤炉取暖一氧化碳产生的原因和预防煤气中毒的误区和正确的措施。这些补充不仅能最大程度地锻炼学生分析问题的能力，对学生解决现实问题的能力的提高、兴趣的培养也有很大的帮助，对培养学生的社会责任感也有潜移默化的作用。

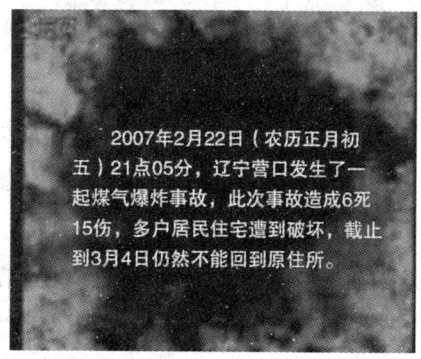

"一氧化碳燃烧实验"的准备：完成一氧化碳燃烧实验并不难，难的是一氧化碳的制取。我们固然可以用草酸和硫酸加热制取，但从科学性角度来说，也存在副产物中会有二氧化碳的可能，况且由于毒性的原因，很多教师还是愿意选择放弃实验。有的教师会选择讲述实验，有的会选择播放现成的视频。这些也是我过去曾经的做法。

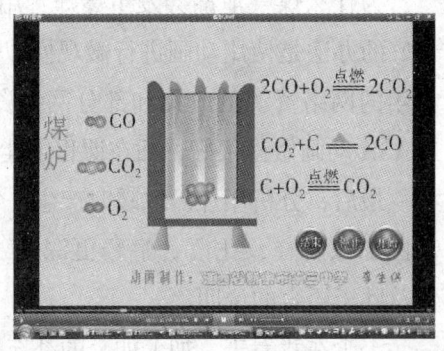

实际上，一氧化碳完全可以使用家用煤气代替。用一个大一点的气球套在家中煤气口，10秒钟的时间就可以充满。一个稍大一点的气球完全可以完成"一氧化碳燃烧"实验和后面"一氧化碳还原氧化铜"实验所需。真实的实验现象效果肯定比讲述实验或视频录像要好得多。同时，也打消学生对一氧化碳的恐惧心理，正确认识物质的利与弊。

让学生了解一氧化碳爆炸及爆炸的原因是本课不可缺少的补充。既能帮助学生揭示一氧化碳爆炸的本质，又能警示学生一氧化碳的危险和危害。

起初，我教授本部分知识时只是点到为止，学生留下的印象不够深刻。如果配以煤气爆炸的图片、视频，效果就会更好。

使用百度搜索，可以很容易地找到最近时期发生在本地区的煤气爆炸图片。同理，搜索理想的煤气爆炸视频也不难，只是处理起来比图片麻烦一点。下载时，选择"土豆网"的下载软件比较方便。再根据自己的需要，用QQ影音软件任意截取，截取的视频只用1分钟，效果非常好。我优选后下载的视频是：2007年营口煤气爆炸事故。选择的理由是该视频配乐是电影《便衣警察》中的插曲，震撼力很强，观看视频时很容易被悲伤的配乐所感染，引起学生的同情和研究一氧化碳爆炸原因的求知欲。

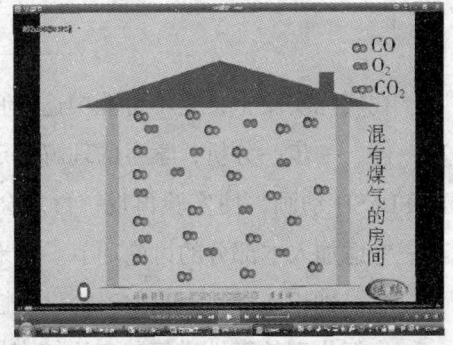

为什么煤气泄漏会发生爆炸？用语言描述很难让学生形成直观的认识。最好的办法是使用动画进行微观模拟爆炸。做一个合适的动画比较难，经过几年的网络资源的收集和部分网络资源使用权的购买，无意中发现有一个FLASH动画做得很好，插在课程中能很好地解决上述问题。

最后，分析用煤炉取暖时产生一氧化碳的原因及注意事项。借助FLASH动画加以解释，比语言解释更深刻、更透彻。虽然FLASH动画不够科学，但总胜于语言的说明。

至少在我看来，加上如上的补充，才是理想的、完美的。

(五)知识点3：一氧化碳的化学性质之还原性

达成本部分教学目的的一个重要因素是成功地完成本实验。一氧化碳还原氧化铜这个实验的成功系数很高，难的是一氧化碳的制取，也可以使用气球充上家用煤气来代替。

本实验中有三个实验，注意事项的讨论是教学能否达到深度和广度的标志。

开始设计的时候，是口头提出三个问题，但觉得效果不好。改用PPT文本展示，还是不便于学生分析，不够直观。如果把图片与文字同时展示出来，学生分析起来有针对性，突破难点比较容易。因此，加入如下三个幻灯片：

在实际实验中，是不可能中途停止的。尽管讲解到位，但如果让实验一步一停、一步一分析，学生的理解肯定会更深刻。因此，熟练地加入本实验的FLASH动画，使实验再现，肯定会锦上添花。下图就是基于此目的，经再三考虑加入本部分的讨论环节。效果不必多说，自然明了。

(六)知识点4：一氧化碳的化学性质——毒性

一氧化碳的毒性讲解起来比较容易，在自己的资源库里有一个FLAH动画做得惟妙惟肖，对学生理解一氧化碳毒性应该会更好些。反复比较之后，决定加入教学环节，边讲解边播放的效果肯定不错。

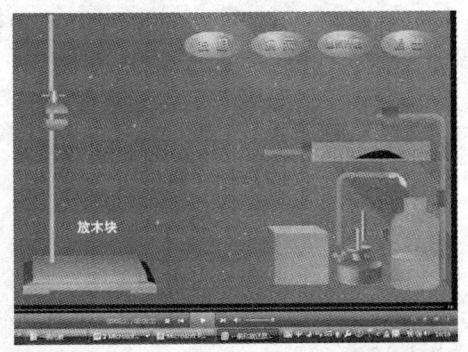

如何把握此部分的教学深度，也是我在备课中反复斟酌之处。如果只限于教材，教授一氧化碳毒性的原理，不讲或淡化"避免事故发生、应急处理、急救"这些常识，从知识层面来讲不够全面，从培养学生日常生活常识来看，解决这些疑难问题方面是完全必要的。

因此，选择加入如下几个问题展开讨论：

1. 城市家庭如何预防煤气中毒？
2. 城市家庭如何检查煤气是否泄漏？
3. 发现煤气泄漏如何处理？有哪些注意事项？

4. 发现有人煤气中毒该如何急救？

我想，这样的设计是全面的，是为学生负责的，同时也是人性化的具体体现。

（七）知识点5：一氧化碳的污染源

让学生自己分析一氧化碳的污染源，而不是简单地告诉学生，这一点也是必要的。心理学研究表明：通过独立分析找出答案在人类记忆中留下的印象远比告知深刻。

（八）备小结

通常的小结常常是："通过本节课，你学到了哪些知识？"经过反复思考，本课还有一个教学目标没有达成：辩证地认识一氧化碳。最终，我把小结改为："你对一氧化碳的功过怎么评价？"这是一种颇有思维容量的问题，不仅能完成教学目标，而且也完成了"小结"的目的。

（九）备课堂习题

我一直认为，课堂上的习题不应该是对本课所学知识的检验，而应该是一种延伸。因此，我选择了四道思维容量较大、比较经典的题目，供学生讨论。

1. 如何鉴别 CO 和 CO_2？

2. 如何将 CO 中混有的 CO_2 除去？

3. 如何将 CO_2 中混有的 CO 除去？

4. 如何证明 CO_2 中混有 CO？

(十)备讲义

这个环节是我近两年的新做法，是我思虑再三、试用再三，反复征求学生、教师意见才增加的一个做法。

学生只听课不记录，不便于学生复习巩固。因此，通常的做法是：教师板书、学生记笔记，教师辛苦、学生受累。由于化学学科的特点，需要学生记录的内容很多，学生往往记录不全，且字迹潦草，影响课后复习巩固。

用讲义尝试一段时间后，学生欢迎，其他教师也赞同。它与现行的学案有一定的区别，不是发给学生事先预习时使用的，而是授课前1至2分钟下发。这样做的目的是：首先，可以保证学生记录的完整，便于日后复习；其次，可以节约学生记录的时间(只要填写一些重要的空格即可)，留给学生更多的思考时间；其三，对于思维性较强的问题，可以做到同步思考，以达到教学深刻的目的。

附：教学设计

课题3-2 一氧化碳 讲义

一、物理性质_____、_____、_____.

练习1. CO 与 CO_2 物理性质比较。

	CO_2	CO
色、味、态		
密度		
溶解性		

练习2. 城市家庭为何有一股刺激性气味?

练习3. 在实验室制取一氧化碳时应采取什么方法收集？为什么？

二、化学性质

1. 可燃性

一氧化碳燃烧现象_____、_____、_____化学方程式

练习1. 煤气泄漏容易发生煤气爆炸，为什么？

练习2. 用煤炉取暖时一氧化碳是怎么产生的？（方程式）

_____

（提示：用煤炉取暖时的注意事项：_____、_____）

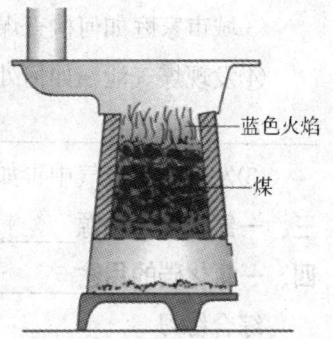

练习3. 小明的爸爸说："冬天生炉子睡前用一盆冷水放在炉子上，吸收一氧化碳，能预防煤气中毒。"这种说法合理吗？

练习4. 小明的哥哥说："我的鼻子好，闻到煤气味我就跑。"这种说法有道理吗？

2. 还原性

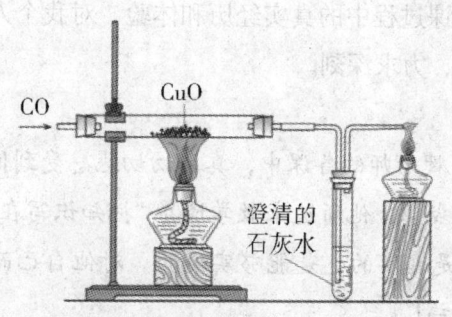

一氧化碳还原氧化铜现象_____、_____
化学方程式_____（属于置换反应吗？_____）。

此实验注意事项：

(1) 为什么先通一氧化碳后加热？_____。

(2) 在做 CO 还原 CuO 实验时，为什么要用气球吸收尾气或用点燃的方法对尾气进行处理？_____。

(3) 实验结束时，为什么先停止加热，继续通入一氧化碳，直到玻璃管冷却才停止通一氧化碳？_____。

3. 毒性

①一氧化碳毒性原理_____。

②城市家庭如何预防煤气中毒？_____。

③城市家庭如何检查煤气是否泄漏？_____。

④发现煤气泄漏如何处理？有哪些注意事项？_____、_____。

⑤发现有人煤气中毒如何急救？_____。

三、一氧化碳污染源_____、_____、_____等。

四、一氧化碳的用途_____、_____。

综合练习

①如何鉴别 CO 和 CO_2？_____。

②如何将 CO 中混有的 CO_2 除去？_____。

③如何将 CO_2 中混有的 CO 除去？_____。

④如何证明 CO_2 中混有 CO？_____。

以上就是我备课过程中的真实经历和体验。对我个人来讲，备课的最高境界是：追求经典，力求深刻。

【评析】从李文辉老师的备课中，真真切切地感受到他的教学风格：追求经典，力求深刻。我想，他所追求教学境界"把知识写在学生记忆的钢板上，而不是写在水上"是真实的，是能够实现的。对他自己而言是一种追求，对学生来讲是一种幸福！

本课的几个亮点：

1. 教学思路清晰，目标意识强。教学内容、活动安排、教学手段的运用都紧密围绕教学目标展开。

2. 提问有层次，给予学生思维的时间和空间。设问尽量避免了"判别性"与"叙述性"思维能力低的设问。李老师的备课中多次采用"叙理性"和"发散性"问题，即"为什么"、"还有什么"。这些问题的回答要先说明"是什么"，这就需要记忆、叙述事实。其次是回答理由，进行比较再推理。让问题充满兴趣和挑战性，激活学生的思维，提高思维的发散性。同时，在问题的设置中，还注意遵循学生的认知规律。如最后学生进行的应用练习，由浅入深，并适时地将问题进行分解，降低了学生思维的坡度，有利于引导学生思维。

3. 注重了学生能力的培养和学习方法的指导。在教学中，教师注意把新学知识与已有知识进行对比，如一氧化碳和二氧化碳的性质对比找出相同点和不同点，加深了学生对新知识的理解。同时，这也向学生展示了一种学习新知识的方法，培养了学生的学习能力。

4. 应用现代教育技术辅助教学，效果突出。将各种教学资源整合呈现，直观、省时、高效。随着政府对教育投入的加大，越来越多的教师认识了信息技术，在教学中利用了信息技术。然而，信息技术和课程的整合发展到今天，我们却听到这样的声音：用课件＝公开课＝作秀课。当然，我们要避免每课必谈信息技术，似乎没有信息技术，就不是一节好课这样的误区，但也要认识到信息技术带给我们教学的巨大作用。本课恰当地使用了多媒体资源（图片资源、视频资源、音频资源、FLASH资源），使课堂教学效果近于完美。

5. 教师要充分挖掘实验的"思考"功能。让学生会观察，在观察中思考，在思考中培养学生的缜密的思维能力。会观察：会观察实验装置、操作顺序、实验现象、实验的规范做法。勤思考：思考"为何这样操作"、"改变操作顺序行否"、"通过实验现象说明什么"。同时，我们还注意到，李老师在播放FLASH文件时，采取即时暂停的方式，给予学生思考的空间，并对学生观察的角度加以引导，也充分发挥了实验的教育功能。

一节课要做到各方面实效性都很高甚至完美是不可能的，应该在有限的时间内，利用有限的教学条件，依据学生特点，选择最核心的内容，进行适

当的拓展，提高整节课的综合实效性。(李娟)

案例六 把握要素 实施有效备课
——怎样优化设计一节生物课

唐重阳

在多年的教学工作中，我特别关注课程改革的发展方向，学习全国各地的同行们在提高课堂教学有效性方面的先进经验，努力探究提高课堂教学有效性的方法和途径，不断探索适合我校学生特点的高效教学手段和方式。我认为，提高课堂教学的有效性，关键在于课前的有效备课。下面，我就结合"激素调节"一课，谈谈如何提高备课的有效性问题。

一、解读教材

解读教材包括两个方面的内容：一是研究教材知识体系；二是拓展教学资源。研究教材，首先要明确教材是知识内容的载体，是教学活动最重要的文本资料，是教师和学生共同学习的依据。教材不仅承载学科的知识体系，而且还体现课程的基本理念，是完成教与学双边活动的重要依托。

钻研教材不仅要注重把握教材中知识的内在系统性，而且要拓展和开发教材以及社会生活中蕴藏的丰富资源。随着教学经验的不断增长，对教学内容的进一步挖掘，对课程标准认识的不断加深，教学中每一次解读教材的知识内容都会产生新的认识、新的视角，产生新的教学方法。

(一) 教学内容分析

"激素调节"一课，教材首先以学生亲身经历的身体变化来说明人体激素调节与人体的密切关系。教材以图代文，让学生在充分讨论的基础上，了解人体内分泌系统的组成。关于激素的调节作用，对学生来说比较生疏，也难以理解，加之内分泌腺疾病在日常生活中比较少见，因此，教材注意密切联系实际，让学生通过资料分析，了解生长激素、甲状腺激素、胰岛素的生理作用。教材中糖尿病的知识的介绍有助于学生选择健康的生活方式。

最后，教材前后呼应，对本章内容进行了小结，即人体是在神经调节和激素调节协调配合下成为一个统一的整体。科学技术与社会的阅读资料，通过介绍我国科学工作者率先用人工方法合成结晶牛胰岛素的事例，培养学生的爱国主义情感。技能训练中的设计对照实验，培养学生思维能力。

(二)可以利用哪些教学资源

可以通过翻阅教参、教案、生物学专业杂志及网上搜寻等方法找到相关的教学资料，可以更加丰富自己的教学内容，拓展教学视野。以下是我找到的一些常见的教学资源：

人民教育出版社(http：//www.pep.com.cn)中的同步教学资源。

人民教育出版社和延边教育出版社出版的《新课标教案——生物七年级下册》。

吉林大学出版社出版，门靖宇主编的《初中生物优秀教师说课经典案例》。

上海科学技术文献出版社出版，刘芳、姚庆姑主编的《专家解答糖尿病》。

(三)确定教学重点、难点

初步考虑教学重点应该是各种内分泌腺及其产生激素的功能，教学难点应该是设计对照实验。但一起备课的其他老师说教材内容很多，如果把设计对照实验放到教学内容里面，时间就比较紧。这时候，我想到求助于现成的备课书籍。在百度上下载一些激素调节教学设计，对其他老师的教学设计进行认真的分析，整合优化教学设计，确定本节课教学的重点和难点。

教学重点：说出人体内分泌腺的特点、种类和它们所分泌的激素；能够举例说明人体激素参与生命活动的调节及分泌异常时的表现。

教学难点：内分泌腺的特点、种类与激素的概念和主要种类。

(四)设定教学目标

根据课程标准的要求，结合学生的实际情况，确定本节课的教学目标。

知识目标：说出人体内分泌腺的特点、种类和它们所分泌的激素；举例说明人体激素参与生命活动的调节；说出生长激素、甲状腺激素、胰岛素的主要功能及分泌异常时的表现。

能力目标：运用资料分析的形式，使学生获得研究激素功能的基本方法。

情感、态度与价值观目标：通过阅读我国人工合成"结晶牛胰岛素"，培养民族自豪感；通过"国家为什么严厉打击贩卖私盐行为"的讨论，培养学生的社会责任感。

二、解读学生

学生是课堂教学有效学习的主体。教师要从三个方面了解主体：一是学生原有的知识基础，努力实现新知识有效和自然纳入学生原有的知识体系中，不断构建新的知识体系；二是了解学生的生活常识，努力达成理论联系实际；三是了解学生的学习兴趣，努力争取寓教于乐。

学习本课程的对象是七年级的学生，年龄在13至14岁，正步入青春期，对激素调节有一些切身体验。同时，他们又具有强烈的好奇心，自主学习能力较弱；探究意识增强，参与意识强；此外，思维趋于发散化。

"激素调节"的教学在学生已经学习了运动、消化、呼吸、生殖、循环、泌尿系统等知识后进行，此时学生已经有了相关知识的铺垫。通过本课程的学习，学生比较容易认识到人体是一个统一的整体，并进一步理解神经调节、激素调节在维持人体稳定，使人体成为一个统一整体中的重要作用。该部分学习的知识与自己密切相关，又与日常生活和学习中的一些问题相关，学习动机强烈。

三、选择教法

要提高课堂教学的有效性，取得最佳的教学效果，就必须综合考虑教材的知识内容，选择并且制定有针对性的教学方法。学生通过以前的学习和实际生活中所获得的信息，对激素对人体生命活动的调节已经有了一定的了解，但教学内容对学生来说比较抽象。可以尽量多为学生准备一些形象、生动的图片，并多联系生活中的实例，让学生参与进来，这样更能贴近学生的生活实际，从学生已有的生活经验出发，遵循初中学生的认知规律。如本节课给学生提供讨论的材料，采用互动式教学模式，组织引导学生讨论、活动，以生长激素、甲状腺激素和胰岛素的功能为主线展开教学。在此过程中，及时渗透科学史、科学方法、科学精神的教育。通过讲授法、讨论法等多种教学方法，引导学生体验科学家发现真理、探索真理的全过程，进而很好地掌握其中的科学方法。

四、设计教学方案

(一)创设情景,导入新课

首先想到的是通过开幕的世界杯,通过看比赛提出肾上腺激素分泌比较多,引入激素调节。但通过教学实践,感觉学生的思维根本不在激素调节上,对于世界杯比赛议论纷纷,这就分散了学生学习的注意力。所以,还是用书中性激素参与生命活动调节的例子导入新课较好。我首先让学生思考问题:在青春期阶段,大家身体会出现许多微妙的变化,男同学喉结突出,声音变粗,女同学乳腺发育长大等,这些变化与人体的什么有关系呢?引导学生理解:人进入青春期后,身体的各部分都会发生较大的变化,如身高、体重增长,男孩长胡须,女孩乳腺发育等。这些变化也与内分泌腺所分泌的激素有关系。那么,激素在哪里产生呢?让我们共同学习新的一节课"激素调节",从而导入新课。

设计意图:以学生的亲身经历导入新课,让学生能更快、更好地进入学习状态,为下面学习其他内容做铺垫。

(二)观察人体主要的内分泌腺

先让学生看教材106页的图,思考组成人体内分泌系统的主要腺体有哪些?各种内分泌腺的位置在哪里、作用是什么?这些腺体的主要功能是什么?外分泌腺和内分泌腺的区别是什么?为什么说垂体是人体内主要的内分泌腺?

人体内分泌腺和外分泌腺的区别在于分泌物排出腺体的方式。外分泌腺通过导管将分泌物排到腺体外面,内分泌腺是一种没有导管的腺体,其分泌物直接进入腺体毛细血管通过血液循环运输到全身各处。通过分析,让学生填写下面的表格:

比较项目	外分泌腺	内分泌腺
是否有导管	有	无
分泌物输送方式	经导管排出	经血液循环送出
举例	唾液腺、汗腺	垂体、甲状腺

播放视频资料：人体内分泌系统的组成。

介绍各种内分泌腺：

垂体：悬垂于脑的底部，大小如豌豆，分泌生长激素促进人体生长。分泌促甲状腺激素、促肾上腺激素、促性腺激素，总称促激素。调节相应腺体激素的合成和分泌。垂体被称为内分泌腺之首。

甲状腺：甲状腺位于喉和气管的两侧，分泌甲状腺激素，调节新陈代谢、生长发育等人体基本生理过程。

胸腺：胸腺的大小随年龄变化而改变，幼年时期，腺体逐渐增大，在青春期以前生长到最大限度。胸腺激素有刺激淋巴组织的生长，并促使其产生免疫功能的淋巴细胞。

肾上腺：位于肾脏上端，左右各一个，重约7克，金黄色腺体，能分泌肾上腺素、性激素等多种激素。

胰岛：人体的胰腺包括外分泌部和内分泌部。外分泌部能分泌胰液，消化糖类、蛋白质、脂肪。胰腺外分泌部有导管通向十二指肠，属于外分泌腺。内分泌部指的是胰岛，是散落在胰腺中的腺细胞团，占胰腺总重量的1%左右，可以分泌胰岛素等激素，胰岛素能够降低血糖浓度。

性腺(睾丸、卵巢)：分泌性激素，促进性器官的发育，激发并且维持男女的第二性征。

激素的概念：由内分泌腺所分泌的，对人体新陈代谢、生长发育、生殖等生命活动有调节作用的一类微量化学物质。

设计意图：让学生通过观察内、外分泌腺的结构，自己讨论归纳它们的不同点，通过观察法，让学生自己获取知识，培养学生自主学习的习惯和能力。通过让学生自己概括内分泌腺和外分泌腺的概念，培养学生自主学习及概括的能力。

(三)几种激素的主要功能

让学生自学课本，合作讨论，看书中的材料分析，带着以下问题讨论：

1. 生长激素是由哪个器官分泌的？它的生理功能是什么？幼年时生长激素分泌不足会导致什么病症？如果分泌过多呢？成年后生长激素分泌过多会导致什么病症？

2. 甲状腺激素是由哪个器官分泌的？它的生理功能是什么？幼儿时期甲状腺激素分泌不足会导致什么病症？甲状腺激素分泌过多对人有怎样的影响？你对地方性甲状腺肿了解多少？有哪些症状？为什么会得这样的病？如何防治？

3. 胰岛素分泌有什么特点？糖尿病患者的症状有哪些？糖尿病有哪些危害？怎样防治糖尿病？

出示侏儒症、巨人症、肢端肥大症等患者图片，分析发病原因，总结生长激素的生理作用。

展示甲状腺疾病图片，引导学生分析发病原因。总结甲状腺激素的生理作用。分析侏儒症和呆小症的区别。

名称	共同点	不同点
侏儒症	身材矮小	智力正常
呆小症	身材矮小	智力低下

引导学生分析地方性甲状腺肿的病因：由于饮食中缺碘，造成甲状腺代偿性增生和肿大。解放前，我国一些缺少碘地区流传着这样的说法："一代肿，二代傻，三代四代断根芽。"所谓"一代肿"，是指第一代患有地方性甲状腺肿，俗称大脖子病。所谓"二代傻"，是指第二代智力低下。所谓"三代四代断根芽"，是指第三代、第四代不育。为了防治这种疾病，我国卫生部门在这些地区采取的措施是食用加碘食盐。

学生阅读糖尿病内容的资料，分析资料，学习科学家研究的思路和方法，了解糖尿病相关知识，讨论归纳出胰岛素的生理作用。

糖尿病患者症状：糖尿、多饮、多尿、多食、体重减少等。

预防：控制饮食，避免过度劳累、紧张，适度锻炼等。

关于内分泌腺、激素这部分知识，对于学生来说，是比较陌生、抽象的。可以尝试使用表格的方法，把知识条理化，让学生体会到使用表格是整理资料的一种好方法。

各种激素的主要功能

激素名称	产生部位	作用	分泌过多时的病症	分泌不足时的病症
生长激素	垂体	促进生长发育	巨人症、肢端肥大症	侏儒症
甲状腺激素	甲状腺	1.促进新陈代谢 2.促进生长发育 3.提高神经系统的兴奋性	甲亢	呆小症
胰岛素	胰岛	降低血糖的浓度	低血糖症	糖尿病

设计意图：通过让学生自己阅读糖尿病的相关内容，小组讨论归纳胰岛素的作用，培养学生自主学习的能力，让学生感悟科学探究的方法，并且通过了解科学家人工合成牛胰岛素的事例，培养爱国主义精神。通过分析甲状腺激素和生长激素的生理功能，培养学生自主学习的能力，运用所学知识解决一些生理现象的能力。让学生自己设计表格，培养学生的动手能力及归纳能力。

(四)激素调节与神经调节的关系

谈自己特别兴奋或者突遇危险时的心理感受及身体状况，分析原因。引导学生得出结论，人体的生命活动主要是受到神经调节控制，但也受到激素调节的影响。

设计意图：激发学生学习的热情，并且从人体的局部与整体关系考虑，说明人体是一个统一的整体，使学生对生命活动的调节有一个完整的认识。

(五)设计对照实验

甲状腺激素具有促进蝌蚪发育的作用。假如给你提供几只幼小的蝌蚪和甲状腺激素，请设计一个对照实验来证明甲状腺激素的作用。

设计意图：进一步了解对照实验设计的基本方法，了解实验研究的大致过程。

学生设计实例：

1.材料用具

40只大小及发育状况相似的蝌蚪、两个玻璃缸、水草、清水、不含任何激素的食物、甲状腺活性物质等材料。

2. 实验变量：是否饲喂甲状腺活性物质。

3. 实验设计

(1) 两个玻璃缸分别编号为 A 和 B，各放入 20 只蝌蚪，适量清水、少量水草，每天同时喂食。

(2) A 缸每天饲喂一定量（微量）的甲状腺活性物质，B 缸不饲喂甲状腺活性物质。

(3) 观察蝌蚪的生长发育状况并作记录。

(4) 实验结果：A 缸中的蝌蚪比 B 缸中的蝌蚪提前发育成青蛙。

(5) 得出结论：甲状腺激素有促进蝌蚪发育的作用。

五、思考教师的专业发展

提高教师的教学能力，促进教师专业发展的关键是不断学习。教师要有学习的主动性和自觉性，认真阅读专业杂志，认真阅读教育学、心理学和学科专著，使自己的新课程的教学能力不断提高，专业不断发展，成为科研型、专家型教师。教师最关键的是不断充电，在牢牢把握最新的学科发展动态的同时，把终生学习作为一生的行为准则。孔子讲："知之者不如好之者，好之者不如乐之者。""知之者"是最低的层次，学了一门知识，拿了一个文凭，读了一个专业，进了一个行业。比这个更高级的是"好之者"，就是对这个行业有一种真正的热爱，投入自己的热情、灵感，不断探寻追问。但这显然还不是最理想的。用孔子的话说，最高的境界应该叫"乐之者"。所谓"乐之者"，是说乐在其中，在职业中获得莫大的享受。循着圣贤讲的道理走下来，我们会知道，智慧的最高境界在于内心领悟并最终成就生命的欢欣。教师的不断学习，提升智慧，既是教师成功的保证，也是教师快乐的源泉。

附：教学设计

一、教材分析

"激素调节"是人教版《生物》七年级下册第六章"人体生命活动的调节"的第四节内容。这部分内容是在前面已学过的"人体的神经调节"的基础上，以青少年在青春期身体的外形和生理发生的巨大变化与体内各种激素的关系为例，说明人体的各种生理活动离不开神经调节和激素调节。生命活动的调节还是进行新陈代谢、生长发育、生殖遗传变异等生命活动的基础，为以后学习动物和植物的生殖发育打下了坚实的基础。

二、教学目标

知识目标：说出人体内分泌腺的特点、种类和它们所分泌的激素；举例说明人体激素参与生命活动的调节；说出生长激素、甲状腺激素、胰岛素的主要功能及分泌异常时的表现。

能力目标：运用资料分析的形式，使学生获得研究激素功能的基本方法。

情感、态度与价值观目标：通过阅读我国人工合成"结晶牛胰岛素"，培养民族自豪感；通过"国家为什么严厉打击贩卖私盐行为"的讨论，培养学生的社会责任感。

三、教材重点、难点

教学重点：说出人体内分泌腺的特点、种类和它们所分泌的激素；能够举例说明人体激素参与生命活动的调节及分泌异常时的表现。

教学难点：内分泌腺的特点、种类与激素的概念和主要种类。

四、教学策略

关于人体内分泌系统的组成，教师出示多媒体课件，以图代文，让学生在充分讨论交流的基础上，了解人体内分泌系统的组成。关于激素的调节作用，对学生来说比较生疏，难以理解。因此，要注意密切联系实际，让学生通过资料分析来了解胰岛素的生理作用。关于甲状腺激素和生长激素对人体的调节作用，通过图片以及资料介绍，让学生了解这两种激素的生理功能。

五、教学过程

（一）创设情境，导入新课

引导学生观察自己的身体，回答问题："在青春期阶段，大家身体会出现许多微妙的变化，男同学喉结突出，声音变粗，女同学乳腺发育长大等，这些变化与人体的什么有关系呢？"学生根据学过的有关青春期的知识，很容易联想到自己身体的变化是性激素作用的结果，从而引出课题《激素调节》。

(二) 观察人体主要的内分泌腺

激素是由人体内的腺体分泌的。首先，提问学生知道哪些腺体。学生说出自己知道的腺体，如唾液腺、汗腺等。之后，进一步说明：唾液腺、汗腺等腺体不同于分泌激素的内分泌腺。利用课件展示外分泌腺和内分泌腺的结构，引导学生观察并加以区分，内分泌腺是没有导管的，而且分泌物是直接进入腺体的毛细血管的，外分泌腺有导管，分泌物通过导管直接排出。引导学生自己概括外分泌腺和内分泌腺的概念，教师再给予适当补充。之后，教师出示课件，通过大屏幕展示人体内分泌系统，教师通过讲解使学生更好地记忆腺体的名称及所分泌的主要激素。

(三) 几种激素的主要功能

出示侏儒症、巨人症等患者的图片。引导学生分析发病原因：侏儒症是由于幼年生长激素分泌过少，巨人症是由于生长激素分泌过多。继而引导学生总结出生长激素的功能：生长激素有调节人体生长发育的作用。

展示甲状腺疾病图片(呆小症、地方性甲状腺肿、甲亢等)，拓展知识面。引导学生分析发病原因：呆小症是由于幼年甲状腺激素分泌过少，地方性甲状腺肿是由于饮食中缺碘造成甲状腺代偿性增生肿大，甲亢是由于成年甲状腺激素分泌过多。同时，让学生区分呆小症和侏儒症。之后，教师强调：如果食物和饮用水中缺碘，容易患地方性甲状腺肿大。因此，平时要多吃一些海带、紫菜等含碘丰富的食物。

引导学生阅读有关糖尿病内容的资料，思考问题：糖尿病患者的患病原因是什么？胰岛素的生理功能是什么？学生分析资料，学习科学家的研究思路和方法，了解糖尿病的相关知识，小组讨论、归纳胰岛素的作用。介绍阅读材料"胰岛素的人工合成和生产"，增强学生的民族自豪感。

设计表格归纳几种激素的生理功能以及缺乏或过多产生的各种症状。

(四) 激素调节与神经调节的关系

让学生谈谈自己在特别兴奋或突遇危险时的心理感受及身体状况。帮助学生分析原因：大脑皮层兴奋→促使肾上腺激素分泌→促使心跳加快、血压升高→血管扩张、面红耳赤。引导学生得出结论：人体的生命活动主要受到神经系统的调节，但也受到激素调节的影响。

(五)设计对照实验

主要探究甲状腺激素是否有促进蝌蚪发育的作用。

【评析】唐重阳是辽宁省一位很出色的生物名师。在这个备课案例中，集中反映了他的教育思想、教学经验和教学智慧。概括起来，本备课案例有这样几个特点：

1. 倡导探究性学习的理念。本课主要运用了以资料分析为主的探究性教学模式。以通过学习科学家发现胰岛素的过程为载体，进而让学生去体会科学家科学实验的过程和方法。通过让学生尝试完成"探究甲状腺激素对蝌蚪生长发育的影响"的实验设计，进一步增强学生的探究意识。通过学生设计探究实验的步骤，强化探究性学习的理念。

2. 提高生物科学素养。教师在"激素调节"课堂的教学中，穿插了很多关于情感、态度与价值观的教育。凡是涉及对实验动物的处理、对病人的态度，以及教师的引导、启发和点拨，对于帮助学生形成健康的生物学素养都有重要的指导意义。联系实际，学以致用，课程中还涉及相当多的生物学知识在日常生活中的应用，都在很大程度上启发学生来关注自身、家庭的健康问题，甚至是社会问题，增强他们的主人翁意识。

3. 面向全体学生。教师的备课在内容和形式上尽量体现多样性，因材施教。本课内容的讲解，充分利用多渠道的媒体呈现方式，如图片、多媒体投影、录像、网络资源等。充分体现教师面向全体学生的教育理念。创新是民族不竭的灵魂。要培养学生的创造思维，有很多的方法。其中，非常重要的一点是如何培养和引领学生学会发散思维和创新意识。开展探究性实验学习活动，既有利用学生学会和养成发现问题、提出问题、分析问题、解决问题的能力，又有利用培养学生逐步确立和养成科学态度和科学意识，掌握一般科学实验的基本方法，达成实现发明创造的可能性。

4. 教师以全新的教学理念设计课堂结构，体现了学生开展自主学习、主动学习及合作式学习的过程。从整个教学设计来看，学生是学习的主人，教师是学生学习的指导者、帮助者。学生通过设计实验、实验现象的分析、探究问题的选择、设计实验等过程，提高了科学研究的能力，培养了学生的科学素养和科学精神，达到了预期的教学目标。

5. 反映出教师对生物课教学有了新的、更深刻的认识和理解，也体会到了转变教学方式的重要性和必要性。教学过程中运用的多媒体辅助教学，既能够创设良好的教学情境，加深教学的直观性，抓住学生注意力，又能激发他们的学习兴趣，促进知识由具体到抽象的转化，进而提高课堂教学效率。

(孙明江)

案例七　深挖掘　擅设境　重思考
——怎样优化设计一节政治课

张红梅

俗话说："台上三分钟，台下十年功。"课堂要精彩有效，备课功夫就要做实、做细。如果照抄名家教案，敷衍了事，备课内容就会与具体教学实际严重脱节。如果不重视备课，不熟悉文本，凭着经验与感性认识上课，课堂教学的随意性就很大。没有经过一番精心备课的课堂，教学将如无根之木，永远长不成茂盛的大树；如无源之水，终究枯竭、发臭；如无靶之箭，必将箭箭虚发。因此，只有进行有效备课，才能提高备课的质量，从而提高课堂45分钟教学的有效性。

一堂课完整的准备主要包括：备教材知识结构、教学目标要求，备重难点，备教材的创造性开发利用，备学生，备教师，备教具，备教学流程动态生成中可预知和不可预知的情况等。教师备好每一堂课，都是一项艰巨而繁琐的工作，都需要花去数倍于一堂课的时间。本人于2001年参加工作，十个年头，弹指一挥间！在十年的教学生涯中，每一节课都不敢怠慢，都在努力深挖教材的基础上明确教法、整合资源、设置情境，以求最大限度地激发学生的学习兴趣。

下面，我就以"我的情绪我做主"一课为例，说明我是如何具体备课的。

回顾自己从教的经历，我认为，有效备课应考虑的几个关键因素是：

一、对课程内容的研读、开发，以及如何利用周围的教学资源环境等进行思索

这个过程是教师"先学的过程"。教师应该在学习过程中，具有创新意识，来解读新课标和教材，适当根据新课标的要求和学生的实际，删减或增加教材的一些内容，开发研制适合自己的教学方式，积极有效地发现利用周围的教学资源。这些对于教师来说是一种积极有效的参与方式，有利于教师的主动实施，增强教师的责任感。

平时要熟悉教材，把教材看透彻。摸清重要知识点和难于理解的知识点，并加强研究突出重点和突破难点的教学策略。然后，在备课时，根据学生的实际情况，备好教学内容、教学方法。备课时运筹帷幄，课堂上就能做到有的放矢，该蔓则蔓、该枝则枝，收放自如。备课的有效性自然而然就提高了。

二、满足学生心理需求，预测学生学习可能会发生的内容，做到有备无患

学生是有生活体验的人，学生只有在自主、探究、合作学习的过程中，情感、态度与价值观才能得到更好的培养。自主、探究、合作学习是学生学习的一种需求，虽然它并不是任何一节课都适合，但让学生已有的生活经验和已有的知识在学习中得到体现，是备课必须关注的话题。应站在学生的角度思考，保持与学生共同学习的心态。"想学生所想，苦学生所苦，思学生所思"，让学生真正成为我们教学研究的主要对象，深入地从学生的认知水平、知识基础及情感、态度上考虑，这样备出来的课才是符合学生需要的。

通过平时的观察，我发现学生的心理发展还很不成熟，表现在情绪方面也是如此。他们的年龄特点决定了他们的情绪容易冲动、易变、肤浅、强烈、不协调，两极性比较明显，情绪表现很不稳定，自我控制能力比较差。不良的情绪很容易使学生不能专心致志、有始有终地做好一些事情，生活、学习、与人交往等也会因此受到干扰、影响。他们渴望更多地了解一些心理（如情绪）方面的知识，希望能更好地调控情绪，驾驭自己。同时，学生也需要适当地宣泄情绪。因此，在设计时，我设置了快乐魔盒环节，让学生把遇到的不开心的事放到魔盒里。本课结尾设计了放飞纸飞机的环节，使学生的

情绪得到宣泄和升华。

要想把自己的每一节课都变成学生学习生涯中不可缺少的45分钟，教师必须在充分了解学生、尊重学生志趣的基础上备课。要在遵循学生的认知规律和心理发展规律的基础上设计教案，在关注学生的知识积累、关注学生的健康成长、关注学生的终身发展、关注学生的个体差异等方面下足工夫。例如，对于学生想到的、难懂的、疑虑的、激动的内容都可能有哪些，教师应当心中有数。教师只有做足文章，才算是认真准备了自己的课堂，认真探究了教学的真谛。

三、功在平时，厚积薄发，充分重视课程资源的开发与利用

俗话说："养兵千日，用在一时。"对教学而言，"兵"就是各种有效的教学资源、信息、教师知识储备。要让"兵"在关键时刻发挥作用，就要求教师在平时切实做到：一是善于学习；二是做有心人。新课程理念提倡课堂教学的生成性，倡导理论联系实际，课堂教学不再是按部就班，照着剧本演，而经常会节外生枝。教师为了在课堂上能给学生"清如许"的渠水，就必须有源源不断的活水。这就要求教师不能"一心只教圣贤书，两耳不闻窗外事"，而要做一个善于观察生活的有心人，就应把及时捕捉、收集、整理与学科知识有关的各种教学资源、教学信息作为自己的一种嗜好。教师在备课时，就能做到信手拈来、见缝插针、水到渠成。把备课前的工夫做足了，备课的效率自然就提高了。

其实，身边可以利用的课程资源很多，主要包括各种实践活动材料、录像带、多媒体光盘、网络、报刊、电视广播等。在备课时，为了使学生在课堂教学中充分地参与活动，可以开发录像带、光盘等音像材料，如录制生活中的一些场景作为与学习内容相适应的问题情景，录制科学家的生平故事等。本课结尾的视频利用了大量的学生资源，主要是平时收集的学生活动照片。这些素材的使用很好地调动了课堂的气氛，拉近了师生的距离。

多媒体技术使教师的一些教学设计得以贯彻。在构思这节课时，我想设计一些情境，突出学生积极情绪的培养，衬托教学主题，活跃课堂气氛。这些思路的实现最后还是归功于网络和多媒体技术。比如，《哈利波特》的背景图片就是上网的时候搜集的，调节气氛的音乐《让我们飞得更高》也来源

于网络。至于如何结尾，我想，如果这节课要成功，必须要有一个新颖的结束，既突出教学主题，又符合初中生的心理特点，还能使整个课堂教学有一个高潮。想了好多思路，总是不满意。无意之间，我看到了一个以英语为背景的励志片，很有启发。于是，便利用学生的照片制作了一段FLASH视频——我们的快乐宣言。所以，我觉得网络资源和多媒体技术使现代教学正发生着技术上的革命，教师一定要注意运用和把握。借助多媒体技术，利用网络资源，扩大教学的容量，增强课堂的生动性，使愉快教学的理念真正渗透到课堂，从而使教学既源于教材，又高于教材。

对课程资源的开发要注意以下三点：

一是学会判断选择。社会信息庞杂，因此，我们需要学会判断什么是需要的，什么是无关的，能够清醒地进行取舍。应精选与教学内容紧密相关的能为教学目标服务的网上资源，尽量使每一则资料都能给学生以启发和教育，使学生在思考与解疑的过程中，开阔思路，发展思维；应精选与学生的思想实际、生活实际紧密联系的资源；应精选反映当前社会热点的材料。

二是高效整理加工。整理的方法就是要学会"浏览"。例如，对文本性资料，整理时最好分为两个阶段：浅层次浏览和深层次阅读。所谓浅层次浏览，就是针对这个问题进行粗线条处理。方法是：一篇文章要善于"走马观花"、"一目十行"。要学会抓住关键词，摸清文章的脉络。在信息时代，这样的能力是十分必要的。接下来要做的便是深层次阅读，在这一阶段，我们应摒弃浮躁，沉下心去细看、细究，学会分析，挑出优秀的、有价值的留下。同时，教师要学会建立自己的资源库，将自己收集整理的内容分门别类地存放，便于以后使用。经过这些工作，资源的价值才能得到体现。

三是善于咀嚼生成。我们需要在利用资源的基础上有自己的明确思考。资源只是帮助我们成熟，而不是代替我们成长。所以，对于资源，要真正有效地利用，就必须有个人的东西。

在制作"我的情绪我做主"的课件时，我事前在网上下载了相关的课件。经过对比，选择了其中一个课件。其他的同课题课件没有它精致全面，由于时间、操作的限制，有些环节难以完成，我将之删掉。而这个课件没有复习检测环节，我又添加了这个环节。我选择了这个课件，并进行了修改。从课堂教学实际和课后反馈来看，效果很好。这个例子说明，网络资源的有效利用最终还是需要我们对之进行妥善处理，融入自我的思考才是关键。只有经过咀嚼，才会有生成性的收获。

四、他山之石，勤于反思

很多教师在备课时，有这样的体会：刚开始很难进入状态，虚耗了很多时间。这其实跟平时没有养成良好的教学习惯有关。有人说，教学是一门遗憾的艺术。一节课下来，总是或多或少让人感觉到一些不足的地方。如引入不恰当、过渡不自然、教学节奏把握不准、教学密度不合理、讲解不科学、引导不到位……凡此种种，都需要教师在课后及时进行反思、总结，形成更有效的教学策略。备课时，如果再次遇到相同的教学内容，就可以轻车熟路。正所谓："似曾相识燕归来。"自然而然，就能很快进入状态。

古人云："他山之石，可以攻玉。"又云："三人行，必有我师。"闭门造车的结果，将会落得黔驴技穷的下场。我们提倡同伴互助，共同成长。所以，在教育教学的过程中，应经常与任教相同学科的同行交流、探讨自己在教学过程中碰到的问题，并通过听课学习和借鉴同行的好经验、好教法，并引以为用，同时把它们整合到自己的教学思想体系中，相信备课时就可以很快进入快车道，达到事半功倍的效果。

五、与时俱进，更新观念，积极创新

教师好比一只鸟，要飞得高、看得远，永远站在时代的前端。自己一旦不努力学习，将很快被淘汰。为此，我始终把充电作为自己工作的基础，努力提升自己的个人素质。作为一名政治教师，既要把党的路线、方针、政策讲好、讲清、讲透，又要溶入自己的情感，让学生不仅懂而且信。懂并不难，信就难了。要学生真正接受教育并化为行动，这不仅要靠教师的人格魅力，还要教师善于抓住教育的契机，寻找好教育的载体，在学习中发现问题、解决问题。为此，我广泛阅读多种报刊杂志，及时了解教学和社会发展的新动态、新方向，以此来指导自己的教育教学。

在教学中，孩子们的纯真、孩子们的热情、孩子们的渴望，感染着我去多做、多思、多学。所以，每一节课、每一项教学活动，我都在寻找最

适合的切入点，去思考和探究。每个阶段下来，我都用心去总结自己的喜怒忧乐。古人云："授人以鱼，不如授人以渔。"我认为，教会学生学习知识的方法和途径很重要。为此，应当多挖掘教材、多思索教法、多研究学生。

六、正确处理好预设与生成的关系

教学难免有意外，课堂难免有突变。应对教学意外、课堂突变的本领，就是我们通常说的驾驭课堂、驾驭学生的能力。对教师来说，让意外干扰教学、影响教学是无能，把意外变成生成、促进教学、改进教学是艺术。有效的课堂教学需要教师正确处理好预设与生成的关系。要提高课堂教学效益，不能没有事先预设的方案。但在动态的教学过程中僵化地执行预设方案，对学生在学习中产生的问题置之不理，会挫伤学生的学习热情，降低课堂教学的效益。课堂中"即时生成"的问题如果能被教师很好地利用，往往会使课堂的交往活动变得深刻。由于它是学生在学习过程中萌发的想法，他们对探讨这些问题的兴趣十分浓厚。如果教师能及时抓住并由此展开教学，学生学习的积极性高，学习效率自然也就提高了。如在讲到发泄法时，有学生提到拿自己的东西出气，其实这是一种不当的宣泄。我就对他说，发泄不等于放纵、任性、胡闹，一定要在道德和法律允许的范围内进行，并且既不能伤害自己的身心健康，也不能伤害他人和集体的利益。

七、备课具体环节

(一)导入设计要妙趣横生，创设情境

"良好的开端是成功的一半。"课堂导入能否引起学生的求知动机，对教学效果的好坏起着举足轻重的作用。17世纪，捷克教育家夸美纽斯就曾说过："总要先提供一种既令人愉快又有用的东西，学生的思想经过这样的准备之后，他们就会以极大的注意力去学习。"教师应注重新课导语的艺术性和科学性。在设计导入环节时，我遵循了以下原则：从学生的实际出发；从课型的需要入手；导语要短小精悍。课堂导入的方法是多种多样的，教师应根据不同的内容灵活运用。如热点时政、幽默漫画、学生表演、科学故事、诗句、谚语、俗语、学生身边实例等导入方法，都能较好地吸引学生的注意力，再辅以信息技术作为媒体增强其学习兴趣。《我的情绪我做主》的设计，我通过让学生表演课本剧，努力寻找实现教学目标与学生兴趣的切合点，点燃学生

"创新的火花",全身心地投入。

(二)探究过程设计:运用多种手段,激发学生的求知热情

1. 巧妙设疑,培养思维,激发兴趣

"学起于思,思起于疑。"学、思、疑是密切相关、辩证统一的。设疑是调动学生学习兴趣的重要手段,也是启发式教学的核心,能够激发学生的求知欲,培养学生的兴趣。为了设疑,教师可以根据教材内容的不同,联系生活,设置一些精巧别致的小问题,做到层层深入、环环相扣,引导学生讨论。在讨论中,教师除了注意培养和提高学生的知识、能力,使学生的知识、能力及思想得到升华和发展外,师生之间可以互相诘难答题、互相启发补充,形成师生之间双向的智慧交流,迸发出创造的火花,从而形成教学相长的氛围。在本学科实践应用环节,我设计了这样一个问题:有一种医生,从来不使用听诊器和手术刀,这是什么医生?(生答:心理医生)"同学们已经掌握了一定的理论知识,又有丰富的生活经验,可以筹建心理诊所了。最近,老师也有点烦,就让老师做咱们班心理诊所的第一个病人吧。我这是疑难杂症,所以先请专家们四人一组进行会诊,然后给我开处方。"让学生们分成小组讨论,学生们在讨论中表现得非常活跃,甚至向教师提出了许多新问题,还提出了建设性意见。最后,通过师生的共同学习、探讨,学生对调控情绪的方法基本掌握并会应用,起到了良好的实际效果。

2. 选用生动的故事,让政治道理通俗化

思想政治课的许多观点深奥抽象。学生都喜欢听故事,如果把深奥抽象的道理寓于故事当中,不仅能使道理具体化、通俗化,吸引学生的兴趣与注意力,而且有助于学生加深理解,从而在脑海中留下深刻记忆。讲注意转移法时,我用了《请不要开错窗》;讲合理发泄法时,我用了《国王长了一对驴耳朵》;讲理智控制法时,我用了《塞翁失马焉知非福》,效果非常好。

3. 选用贴切的比喻,使抽象概念具体化

思想政治课的自身特点决定其内容抽象性强、形象性不足,而一个生动形象的比喻胜过千言万语。在讲如何调整自我心态时,我说:"请取关怀和诚挚,与信任充分搅拌,然后加入努力、善良、宽容、理解和尊重,添上友谊和希望,洒上大量笑声,同阳光一起烘烤。美味无比的'快乐大餐'做好了,

大家一起分享吧!"学生们听了非常喜欢,感觉非常亲切。

4. 运用现代化教学手段和网络资源,使政治理论形象化

采用电化教学手段,如图片、录音、录像、电视等,尤其是多媒体辅助教学,把动画、图像、立体声融合起来,真正做到"图文并茂",使学生有身临其境之感。这样就能激发学生的学习热情,从而收到良好的效果。如讲呼吸调节法时,我播放郑日昌教授的放松训练视频。学生随着视频一起练习,效果奇佳。如此教学,学生注意力非常集中,在愉快的气氛中自然而然地掌握了知识和方法。本课结尾,我用学生照片为素材,配合励志音乐《让我们飞得更高》自制视频,升华情感,学生深受鼓舞。

5. 把调查、游戏等活动引入课堂

为了让学生主动参与交流合作,培养学生的探索精神,围绕教学内容,我组织学生做调查"快乐魔盒"。让学生把烦恼交出来,放到我的快乐魔盒里,起到宣泄情绪的作用。然后,通过"魔法大比拼"活动,让学生集体探讨解决。本课结尾活动"我心飞翔"——放飞纸飞机活动,把快乐引进课堂,高潮迭起,笑声不断。

(三)巧设课堂结尾,让学生回味无穷

"编筐编篓,全在收口。"古人在谈到行文时,强调指出:"起句如爆竹,骤响易彻;结句如撞钟,清音有余。"由此可见,小结的语言要巧妙,要有激情,师生之间应产生共鸣;小结语言精练,能使学生容易掌握重点,抓住中心,可得到意想不到的效果;小结要带有悬念,让学生乐于去探索、探究,起到耐人寻味,课断而思不断、言虽尽而意无穷的作用。本课结束前,结合放飞纸飞机活动和励志视频,我对学生说:"生活中有阳光、有阴雨,让我们来做情绪的主人,让纸飞机带走烦恼,让我们飞得更高,快乐地成长,开心地微笑,愿积极健康的情绪永远伴随着大家。"这样一来,既进一步激发了学生的兴趣,弥补了政治课结尾抽象、枯燥、平淡的不足,又寓教于乐。

在为教的圣坛,作为教者探究的路永无止境。教书育人,需要永不停止地修行!教育只有坚持与时俱进、不断求索、促思生成、成而创新,才能让思想之花迸放,让创新精神涌流。"路漫漫其修远兮,吾将上下而求索。"愿与大家一道成长！

附：教学设计

一、引入新课

课本剧表演：《老奶奶与她的两个儿子》

我们每个人都有丰富多样的情绪，并且每一种情绪都会对我们产生不同的影响。每个人都希望成为自己情绪的主人，我的情绪我做主！

同学们都看过《哈利波特》吧？哈利在奇妙的魔法世界中，靠一个又一个神奇的魔法，克服了无数的困难。今天就让我们进入"情绪魔法学校"，来体验一下情绪魔法的神奇魅力吧！

二、讲授新课

[我的情绪空间：烦恼大本营]

我们每一个人都希望保持积极的愉快的情绪，但烦恼、忧愁、苦闷甚至痛苦有时会不请自来。课前，老师要求大家把自己的烦恼写下来。现在，老师准备高价回收你们的烦恼！请把它装到我手中的这个快乐魔盒里。

[调节情绪，我有高招——魔法大比拼]

面对这些不良的情绪体验，作为情绪魔法师，决不能坐视不理。现在，每个魔法队抽出一张，集体施展你们的魔法，为他们排解烦恼，摆脱不良情绪的侵扰。讨论时请注意：讨论时间2分钟，每个魔法队专人记录，派出首席魔法师发言。(各队由小队长抽出一张小纸条并进行小组讨论，教师在各组指导巡视。)

教师：现在，我们开始进行"魔法大比拼"。(幻灯片展示比拼规则)

[快乐魔法课堂——快乐钥匙大放松]

教师：从上面的环节不难看出，有效地排解烦恼是我们保持良好情绪的重要条件。但仅仅了解几种排解烦恼的方法是远远不够的。下面，就让我们来到情绪魔法学校来系统学习一下吧。在这里，老师要送给大家几把快乐钥匙。

投影：苏格拉底的故事

教师：正如马克思所说："一种美好的心情，比十副良药更能缓解生理上的疲惫和痛楚。"苏格拉底不仅是换了一种角度看问题，而且是换了一种心态看问题。凡事都从积极的方面看问题，会使我们的情绪良好，生活积极而充满阳光。这是天天快乐、永远快乐的源泉。所以，快乐魔法的第一把钥匙就是：

1. 快乐钥匙：认识改变法——用积极的心态看问题，生活处处充满快乐

心理时间：在现实生活中，使人烦恼的往往不是事情本身，而是对事情的看法。你的心态是能主动掌握的东西，大家能不能试着用积极心态回头看你曾经的烦恼，尝试一下自己掌握快乐的秘诀？

（教师引导，学生举例回答，师生共同评价）

教师：这是我们在调查中同学们提到的几件烦恼事，请试着用我们刚刚学到的魔法把快乐变出来，换个好情绪。

事件1：同桌打翻了你的文具盒。

事件2：早晨上学时，妈妈又叮嘱路上要小心。

事件3：考试失败了。

学生尝试用自己掌握的快乐秘诀回答。

2. 快乐钥匙：注意转移法（故事：请不要开错窗）

心理学研究表明：当一个人产生某种情绪时，头脑里就会出现一个较强的兴奋区。这时，如果另外建立一个或几个兴奋区，就可以抵消或冲淡这个较强的兴奋区。

把注意力从导致你情绪不佳的事情上移开，如转移话题、做感兴趣的事等，使情绪有缓解机会，让自己摆脱消极情绪的影响。

3. 快乐钥匙：合理发泄法（故事：国王有对驴耳朵）

如在适当的场合哭一场、向他人倾诉、进行剧烈运动、放声歌唱等。

不良情绪需要宣泄，不同的人有不同的方法。但发泄不等于放纵、任性、胡闹，一定要在道德和法律允许的范围内进行，并且既不能伤害自己的身心健康，也不能伤害他人和集体的利益。如果不分时间、场合、地点随意发泄，不仅不能调控好不良情绪，还会造成不良的结果。

4. 快乐钥匙：理智控制法

如自我解嘲、自我暗示、自我激励、卧薪尝胆、心理换位、学会升华。

5. 快乐钥匙：呼吸调节法

放松训练：当自己觉得很不开心的时候，闭上眼睛，深吸气，然后把气慢慢放出来，再深吸气……如此持续几个循环，你会发现自己呼吸变得平稳，整个人也平静下来了！

6. 快乐钥匙：表情调节法

当自己不开心的时候，到镜子面前对着自己扮鬼脸。你会发现自己也可以逗自己笑，笑起来的自己其实也很可爱，不开心的情绪也就不见啦！

在现代发达国家，医生是最受欢迎的职业之一。有一种医生，从来不使用听诊器和手术刀，这是什么医生？（生答：心理医生）同学们已经掌握了一定的理论知识，又有丰富的生活经验，可以筹建心理诊所了。最近，老师也有点烦，就让老师做咱们班心理诊所的第一个病人吧。

我这是疑难杂症，所以，先请专家们四人一组进行会诊，然后给我开处方。

（发给学生处方单，学生讨论后发言）

同呼吸，共命运——"快乐着你的快乐，悲伤着你的悲伤。"

学会正确表达情绪，否则可能会既伤害别人，也伤害自己。让我们一起来看看下面的情景（多媒体展示三个情景）：

问：他们的情绪表达合适吗？为什么？

小组讨论：

1. 在你伤心难过时，有没有人安慰过你？

2. 你是否善解人意，照顾过别人的情绪？

3. 在我们表达自己的情绪时，怎样照顾别人的情绪，做一个善解人意的人？

人的情感具有相通性和感染性，个人情绪的表达需要考虑到场合和他人的感受。同学之间更应懂得：快乐有人分享，是更大的快乐；痛苦有人分担，就会减轻痛苦。所以，提醒大家不要忘记：喜怒哀乐不忘关心他人。

快乐大餐：取关怀和诚挚，与信任充分搅拌，然后加入努力、善良、宽容、理解和尊重，添上友谊和希望，洒上大量笑声，同阳光一起烘烤。美味无比的"快乐大餐"做好了，大家一起分享吧！

魔法学校毕业考试

1. 下面所用的各是什么调节情绪的方法？

（幻灯片展示各种情景，学生判断）

2. 快乐点击——情绪对对碰

（幻灯片展示各种情景，学生选择）

很高兴，各个魔法队都学会了这些法宝，顺利通过了魔法学校的考试。现在，颁发毕业证书。

（老师为各个魔法队颁发毕业证书，颁奖音乐《幸福拍手歌》伴奏）

创意实验室——我心飞翔，放飞纸飞机

规则：在飞机两翼分别写上你快乐的一件事和烦恼的一件事；写上你将如何调节不良情绪，对周围的人有什么美好的祝愿。

播放自制励志视频：《让我们飞得更高》。教师寄语："生活中有阳光、有阴雨，让我们来做情绪的主人，让纸飞机带走烦恼，让我们飞得更高，快乐地成长，开心地微笑，愿积极健康的情绪永远伴随着大家。这就是我们的快乐宣言。相信通过我们的真情传递，我们周围的人都会有个好心情，都会快乐平安，我们祝愿所有的人平安、快乐！"

【评析】深挖掘、擅设境、重思考，是张红梅老师教学的最大特色。她设计的"我的情绪我做主"一课主要体现了以下特点：

1. 师生平等交流，共同探讨。建立了一个接纳性的、支持性的、宽容性的课堂气氛。引导学生讨论、鼓励学生提问，激发学生的思维。整个教学过程不是"牵着学生走"，而是"推着学生走"，用鞭策、激励、赏识等手段促进学生主动发展。在本节课中，学生没有充当可怜的倾听者，而是在教师的帮助引导下积极参与课堂对话、讨论。如魔法大比拼环节、心理诊室学生出谋划策环节，激活了学生的思维，使学生在和谐的气氛中畅所欲言，贴近生活、切合学情。

2. 注重学生的情感体验，参与课堂的过程。教师设计各种探究交流的问题,层层递进、环环相扣。如通过快乐魔盒给学生提供宣泄机会,通过魔法大比拼给学生创设解决问题互帮互助的机会,通过心理诊室掌握学生应用情况,充分调动了学生参与课堂的意识,发挥了学生课堂交流的个体差异性。注重对学生动脑、动口、动手能力的培养,符合新课程改革的理念。如在本节课中,学生自编自演了短剧《老奶奶与他的两个儿子》,在角色扮演中体验不同情绪对人的不同影响。

3.给学生提供情感宣泄升华的机会。教学中的"情感"处理得当,犹如给教与学的双边活动注入"催化剂"。有了它,学生会在教师的点拨下更好地进入学习的佳境。在这一课中,张老师利用多种方式创设教学情境。我相信,生命成长的过程是一次情感经历的过程,用情感驱动知识的学习会是一个积极有效的前提。如"快乐魔盒"环节就是一次情感的宣泄,"我心飞翔"环节则是情感的升华。

4.注重对学生成长的指引。教学中注重选取提炼典型的、触动学生心弦的材料。如"请不要开错窗"、"国王有对驴耳朵"、"苏格拉底的故事"等材料,发挥学生丰富的想象力,震撼学生的心灵。教师在教学中注意到学生成长行为的延伸,如"情绪对对碰"中不良情绪出现时作何选择,讲解宣泄法时对不良宣泄的说明,"我心飞翔"中学生对他人的寄语等,学生通过思考、感悟、解决问题的过程,能力得到提升,教学效果更加持久。(万桂兰)

案例八 用"心"备课 有备无患
——怎样优化设计一节品德与生活课

张 岩

我从事品德学科的教育教学工作近十年了,经历了课改前与课改后品德学科翻天覆地的变化。尤其是在新课改大浪潮的洗礼下,我深刻地认识到:要上好一节优质的品德与生活课,关键是要备好课。

备课的重要,不言而喻。精心备课是上好课的前提条件,是教学工作中的重要环节,是课堂教学有效性充分发挥的根本保证。在这里,我仅以"烦恼来了我不烦"一课,就怎样有效备好品德与生活课,谈一点粗浅的认识。

一、备课准备阶段

(一)精心准备,做好备课的基础工作

精心备课,就是精心做好上课前的各种准备工作。备课前,我认真学习新课程课标精神,与课程标准进行了高质量的对话,深入领会课程标准的性质、基本理念,充分研读与该课题相关的课程标准内容,知道了"烦恼来了我不烦"这一单元是心理健康教育,重点是帮助学生形成乐观大度的性格,不为小事烦恼,更不要自寻烦恼。本课是实现课程标准中内容标准的"愉快、积极地生活,能在成人帮助下控制和调整自己的情绪,乐观向上"这一目标,本课的设计意图是:烦恼是不可避免的,解决的方法又是多种多样的,重要的是不同的方法产生的后果是不同的,让学生学会选择。

备课时,我一般要进入三种角色。第一,进入学生角色,关注学生。学生是教学工作的落脚点,是备课活动的最终服务对象。关注学生,关注他们的现实生活,关注他们的思想动态,充分了解学生、解读学生,揣摩他们在学习上的感受和可能遇到的问题,了解他们的真实情况,做到心中有人。第二,进入编者角色,弄清编者编写教材的意图、思路和感情,认真钻研教材,把握教材的重点和特点,从整体上把握教材的知识体系、脉络结构和各部分之间的关系,深入细致地分析教材内容,挖掘教材中的思想教育因素,做到胸中有书。第三,进入教者角色。教师对教学目标、教学步骤、重难点、教学策略等加以综合考虑,做到手中有法。

(二)以生活化、活动性的理念开发课程

教学观决定教案观。新课程教学需要新的教学理念。"回归生活,关注儿童现实生活"的课程理念决定了生活化是小学品德与生活课程的首要特征。它强调了儿童生活的基础性,它体现了儿童生活的教育价值。备课时,我以生活化的课程理念开发课程,从学生成长的需要出发,从学生能感受到的多彩的、活生生的生活出发,循着学生生活的逻辑,以他们的现实生活为课程内容的主要源泉,从学生生活中普遍存在的问题生成活动主题,引导他们回到自己的生活中,用自己的眼睛观察世界,用自己的心灵感受世界,用自己的头脑思考生活中发生的种种事情。在观察、体验、探究、思考的过程中,

梳理和升华他们的生活体验，并使其获得新的生活感受和认识，即达到"回归生活"。

品德与生活是一门综合型活动课程，"活动性"是本课程的一大特点。课程目标主要是通过教师指导下的各种教学活动来实现的，活动是教和学的中介。课程标准指出："品德与生活课程以儿童直接参与的丰富多彩的活动为主要教学形式，强调寓教育于活动中。"这一点充分阐明了品德与生活课程改革的活动化。备课时，我精心设计各种活动，如游戏、讨论、交流、动手实践、表演、调查等，预设让学生更多地参与活动，力求做到人人都参与、个个有收获。通过自由、主动、生动地参与各种有趣的活动，使学生从中得到快乐、深化道德情感、强化道德认识。

此外，我还查找了大量相关的教学资源，如参考教师教学指导用书、配套资料、课件病上网搜集资料，做到有备无患。

综上所述，我确立了本课的教学目标及教学重点、教学难点。

教学目标：能够尝试解决生活中遇到的烦恼问题，懂得借助他人的力量来调整自己的目标，解决自己的问题；知道面对烦恼时要采取开朗豁达的态度对待，不要钻牛角尖，而要用积极的态度面对烦恼。

教学重点：让学生知道如何面对烦恼、解决烦恼，不为烦恼所困扰。

教学难点：学会与人交流、沟通，宽容待人；尝试控制、调整情绪等解决烦恼的方法。

二、备课策划阶段

要想实现教学目标、突出重点、突破难点，关键在于对教学每个环节的研究、设计，使各个教学环节相辅相成、相得益彰。只有这样，才能取得更为理想的教学效果。下面，进入教学过程的预设阶段。

（一）教学基本思路的设计

教学过程既是一种在教师引导下的认知过程，又是学生主动的、生动活泼的发展过程。在教学设计的具体操作中，教学方法的采用、教学媒体的选择、教学组织形式的确定，通常都会纳入程序安排的格局之中。因此，要以程序安排为线索，将各种教学策略组织起来综合考虑，形成特定的活动框架。为了实现本课的教学目标，备课时，我改变了以教材为中心的观念，对教材进行深入的研究。借助教材的引导，我灵活地开发教材，并且根据实际情况，适时地调整个别教学内容，适当地对教材进行删减、补充、拓展，让教材"为我所用"。我采用了"情境导入——心语流露——云开见日——放飞烦恼——学海拾贝——红日照心"的结构框架。设计的基本思路是：首先，创设情境、导入新课，心语流露、诉说烦恼，学生对烦恼有所认知，并掌握了丰富的感性材料。接着，通过云开见日中的"金点子热线"引发问题讨论，让学生在交流讨论中，集众人智慧，共同解决他们的烦恼，提炼出一些解决和摆脱烦恼的办法，为下一环节打好基础。放飞烦恼是学生利用所学到的方法来解决自己的烦恼，达到学以致用。学海拾贝和红日照心则是对本课的总结和升华，让学生总结出本课的收获，同时鼓励学生做一个积极向上的阳光使者，把阳光带到世界的每一个角落，让世界因你而阳光、绚丽。

(二) 教学流程的设计

通过深入学习课程标准，我明确了本课的基本教育理念是"引导儿童热爱生活，学习做人是课程的核心，愉快、积极地生活是儿童生活的主调，旨在使儿童获得对社会、对生活的积极体验，学会正确面对烦恼，形成开朗、进取的个性品质，为儿童形成乐观向上的生活态度奠定基础"。在这一教学理念的指导下，按照预设的教学思路，我设计的教学过程如下：

1. 创设情境，激情导入

我们知道，一节课要想取得较为理想的教育教学效果，必须做到认知与情感相结合、思维与形象相结合，使抽象的概念形象化、使思维的对象具体化、使授课的方式趣味化。把握教育契机，恰如其分地创造一种情境，以激发学生的学习兴趣，促进其知、情、意、行全面、和谐地发展，从而大大提高课堂教学的效果。教学伊始，我设计了情境教学，以一段动画《小小少年》的烦恼直切话题，既开门见山，直接了当，又充分吸引学生的注意力，激发学生求知探索的欲望。学生从喜闻乐见的动画片中，感受到发生在自己或身边的真实烦恼，有身临其境之感，启动多种感官感知教学内容，深化情感体验。接着，我提问："一首歌曲唱出了小小少年的心声，同学们，你们有没有烦恼呢？我们每个人都有烦恼，烦恼来了怎么办呢？"导出半课题"烦恼来了——"，引入主题教育。

《小小少年》并不是我们小时候唱的那首，它是现代社会现代儿童学习生活的一种真实、生动的再现，是儿童心理赤裸裸的表白。正如歌词中所唱的："小小少年，背着大书包，做不完的作业，听不完的唠叨，太烦！太烦！太烦！老师、家长听我说，我们要过快乐的童年，我们要自己的生活……"这些正是我们的孩子面临学习，面对家长、老师最无奈而又最想说的心里话，而这些也只是孩子们心中不愉快的一个方面，还有哪些烦恼呢？我们接着进行第二环节——心语流露。

2. 细说心语，真情流露

烦恼每个人都有，你有我有大家有，它是客观存在、无法逃避的。引导学生在祥和、温馨、民主的氛围中，说出自己的烦恼，一吐为快，是我这一环节设计的目的。教学中，我播放了悠扬的乐曲。音乐的渲染是微妙的，也是强烈的，给人以丰富的美感，使人心驰而神往。一曲萨克斯《回家》悠扬、舒适、恰到好处，以特有的旋律、节奏，塑造出音乐形象，把学生带到了特有的意境中。学生在放松的气氛里谈出了自己的真实情况。刚开始，有些学生对自己的烦恼可能有所保留，不愿意说、不好意思说，或只说那些无关痛痒的烦恼。于是，我就鼓励他们："放下包袱，总是把烦恼埋在自己的心里，不仅会影响学习、影响情绪，日久天长还会影响心理和生理的健康，对自己和他人都是有害的。"学生们知道了烦恼的危害，大部分开始主动说出自己的烦心事。针对一些内向的孩子，我并没有强迫他们在大庭广众中说，而是告诉他们："别着急，课后你可以用你喜欢的方式，如写纸条告诉老师或父母、好朋友，好么？"通过这种方式，来抚平这些孩子悸动的心。实际上，越是这样的孩子，越需要更多的关注和尊重。

为了彻底清除学生的烦恼，我在课前让学生把他们的烦恼全部写在彩纸上，有多少写多少。课堂上，我先让学生和小组内同学说说自己都有哪些烦恼，再选出有代表性的和全班同学说说。因为不是学生的所有烦恼都能在一节课中解决，时间有限，我在这节课中所能解决的只能是一些具有普遍性与共性的、亟待解决的烦恼，更重要的是教会学生解决烦恼的办法。

真诚的交流让我看到，学生的烦恼如雪花般铺天盖地而来：我已经很努力了，可成绩还是停滞不前，真伤心；我不愿意弹琴，可妈妈天天逼我弹琴；爸爸妈妈对我要求太高了，我太累了；没完没了地学习，我压力太大了；我总是粗心大意，我也想细心一点；我写字太慢，总挨批评；上那么多的辅导班，累死我了；我没有朋友，他们都不跟我好，也不跟我玩；我害怕黑夜；我知道咬手指头不好，我也想改，可就是改不了；我害怕老师；我也想当班长，怎么办呢；我和某某吵架了，我很想与他和好；爸爸妈妈离婚了，我想妈妈；爸爸总喝酒，真烦人；爸爸妈妈总吵架，我很害怕；妈妈总说我不如别人；妈妈总不让我干活，烦死了；爸爸妈妈总打我……没想到吧，小小年纪的孩子竟然会有这么多不同程度的烦恼，真是让人难以理解。

如今的人们已经越来越关注心理健康问题。曾有人说："一个好朋友顶得上一个心理医生。"其原理就是能在交流中为自己的心理解压。尤其在课堂上，当大家一起交流的时候，学生就会发觉其实生活对谁都是公平的，每个人的内心中都会有这样那样的不如意，在同情理解别人的时候，自然会对自己的烦恼释然。

3. 破迷开悟，云消雾散

面对学生如此之多的烦恼，作为教师的我更要沉着冷静了。我设计了"云开见日"环节，这是本课的重点。通过"金点子热线"，学生以心理医生或专家的身份，积极投入其中。大家群策群力，共同探讨解决烦恼的办法。爱因斯坦说："提出问题比解决问题更重要。"在这个环节设计中，我并没有规定预设出各种烦恼问题，也不拘泥于追求丝丝入扣、天衣无缝，而是给师生在课堂上留有发挥的余地，为课堂上的"动态生成"预留时间与空间。我们知道："课堂上可能发生的一切，不是都能在备课时预测的。教学过程中的真实推进及最终结果，更多地由课的具体进行状态，以及教师当时处理问题的方式决定。"因此，预设只是对未来教学过程的前瞻，而生成则是对过程情境变化的顺应。教学中，我引导学生自发提出自己的烦恼，为学生创造平等参与学习的机会，鼓励学生探索研究解决烦恼的方法，做到弹性设计、智慧引领、实现超越。学生提出的烦恼五花八门，表面上似乎会造成一种课堂秩序"乱"的现象，但"形乱"而"神不乱"。我理清思路，把烦恼按照"学习、心理、交往、家庭"等方面进行梳理。在宽松和谐的环境中，组织学生积极主动地把积累的经验和方法进行交流，并加以提炼，在思维的相互碰撞中，真正理解和掌握解决烦恼的技能、方法。"关注孩子，走近孩子，蹲下来和孩子们站在一起看问题"是我教学的一大特色。在学生交流、师生互动过程中，我又从心理学的角度不断加以引导、疏通和升华，帮助他们树立积极乐观的心态，采取倾诉法、放歌法、音乐疗法、体育调整法、心理咨询法等帮助学生打开封闭的心门，走出烦恼的阴影，做到云开见日。

学生创造出的教学资源，可能超越教师的思维。教师要善于捕捉，放大教学过程中动态生成的瞬间，让学生的感受恰当地融入教学过程中。如在解决学生认为"上补习班多"这一烦恼时，一名学生说："老师，我也有过同样的烦恼。但是，我和爸爸妈妈说了以后，他们就不让我上那么多的补习班了。"听了他的讲述，我及时抓住这一生成性资源，马上问："谁还有过同样的烦恼？你是怎样处理的？"为了深入研究这一问题，我接着问："有没有想过爸爸妈妈为什么让你上那么多的补习班？你现在取得了哪些成绩？你有了这些收获后，你认为上这样的补习班值不值？"学生通过讨论交流，思维的深度与广度不断地拓展，思想认识也逐步深刻。在学生争先恐后地交流时，我们共同总结出了沟通法、换位法、转移法等多种解决烦恼的方法。

当然，这一环节也少不了教师的现身说法和家长的真情流露的点缀。我的烦恼引起了学生的高度热情，学生的积极性又一次被调动，开启智慧之门，恰当地运用所学之法解决了我的烦恼。学生家长的现场出现，让学生既吃惊又兴奋，谈出了许多与父母之间的矛盾和冲突，话语中流露出他们想与父母沟通的渴望。家长的心声，激起了学生的情感浪花，在家长那语重心长的话语中，一些学生的眼睛里闪烁着晶莹的泪花，在浓浓的情意中，化解了孩子与家长间太多的不愉快，换来了更多的理解和关爱。在这充满爱的氛围里，唤起了所有人的情感共鸣。

精心地预设与精彩地生成，使学生变被动为主动，不仅出色地完成了教学任务，而且在解决烦恼的过程中，本课的难点也随之突破。

4. 重振旗鼓，放飞烦恼

"教是为了不教。"培养学生积极向上的心态并最终达成自我教育与自我发展，是每一个教育者心中的理想。因此，在"放飞烦恼"这一环节，我采取了自主学习与合作交流相结合的方式，让学生再次拿出那张"烦恼纸"，用刚刚学到的方法去解决自己的烦恼，做到学用结合。教学中，我依然采取的是先组内解决再全班汇报，力求解决学生的全部烦恼。我密切关注学生，倾听学生的心声，启迪心智，激情评价，培植自信。接着，我让学生们把这张"烦恼纸"折成纸飞机或纸鹤，来现场放飞烦恼，让烦恼远离我们。这一活动激发了学生的极大兴趣，他们在动手折、动脑想、认真看、亲自体验及纷杂的议论中，感受着摆脱烦恼的过程，使知识在活动中得以升华、内化。我知道，放飞烦恼只是暂时排解学生心中的各种压力。为了回味那种放飞烦恼时轻松自在的感觉，我马上追问："此刻，丢掉了烦恼，你有什么感受？"大家在畅所欲言之时，又在享受着那种丢掉烦恼后的轻松、快乐、喜悦之情。孩子们流露出天真、快乐的表情，似乎烦恼真的已离他们而去。

5. 提炼主题，总结升华

第五环节是"学海拾贝"。本环节是让学生用一句话说出对烦恼的认识和感悟，同时完成对本课课题的不完全改动。我们知道，新教材的特点之一是"具有基础性、丰富性和开放性"。因此，我在备课时，认真挖掘课程的资源，并通过多种形式呈现丰富多彩的感知材料，努力使教学内容生活化、动态化、情境化，从而激发学生学习的愿望，激活他们的思维，使其全身心地投入学习活动。但是，教材所呈现的毕竟是理性的冷冰冰的"死"知识，要使知识变得鲜活，变得富有情感，教师就要用自己的独特个性，把自己对教学内容的感悟、体验、激情、灵感和经验融合在课程中，对教材进行重新钻研，加工处理，并与学生进行灵活的课堂交流、沟通。学生通过活动操作，把感性知识转化成理性知识；教师将学生的学习情绪和生活经验纳入课堂，使课堂充满了生命的活力。教学中，我意味深长地说："同学们，活动进行到这儿，老师想让你用一句话说出：烦恼来了——怎么办？"同学们在总结自己面对烦恼的方法时，我边听边写板书，完成对课题的不完全改动。结合学生的生活实际，烦恼来了并不是"我不烦"的态度就是最佳方法，学生有自己的处理方法，如烦恼来了消灭它、解决它、战胜它、克服它、挑战它、说再见……学生各抒己见的应对，正是他们对本课所学的吸收、内化，并最终纳入自己的知识体系中。

常言道："善始善终。"良好的开端虽然是成功的一半，但完善精要而有韵味的结尾，犹如"画龙点睛"，会使课堂教学再起波澜，余音绕梁，不绝于耳。"红日照心"这一环节是对本次活动的总结和升华。循着一种"教学已随时光去，思绪仍在课中游"的感觉，我以精练的语言概括主题。同时，欢快的歌曲《种太阳》激发情感，让学生心头的阴云随着歌声而烟消云散，让心情像阳光一样灿烂，让笑容如鲜花般绽放，从而达到"点而不透，含而不露，意味无穷"的目的。

三、课后再备课阶段

新课程理念下的备课是动态的、发展的。在以往的教学活动中，我们大多注重的是"课前"和"课中"，对课后往往不够重视。而实际上，课后写写教学心得、作作教学反思、改改教学设计，对教学进行"再备课"，即所谓的"课后备课"，对提高课堂教学效果是很有促进作用的。思过才能进取。每次上完公开课，我都会及时反思自己的教学行为、教学效果。有时，我还会问问学生的感受，及时总结成功的、遗憾的……趁热打铁，并以此次的经验作为下一次课的基础或借鉴，备战下一次。

"烦恼来了我不烦"一课，我能够充分考虑学生的具体情况，凸显学生主体地位，尊重学生的个性感受和独特见解，帮助学生走出封闭的个人世界，引导学生真正参与到活动中，让教师真正走进学生心里，让学生在自由、宽松、平等的氛围中畅所欲言，真诚地说出自己的心事，自由地发表自己的想法，为平常紧张而繁忙的学习开辟了一片新的天地，并且也为他们排解了成长过程中的烦恼。这就在很大程度上发挥了学生的自主性，培养了他们的合作精神，提高了他们解决问题的能力。同时，学习了自我调节的方法，调整心态，体验了摆脱烦恼争取快乐的乐趣，初步形成了积极乐观向上的生活态度。由于本课是一节心理素质培养课，在如何有效引导、转变和调整学生心态方面以及在讨论一些社会敏感话题，如补课、父母吵架、离婚、体罚学生等话题，对于教师来说无疑是一种挑战。

课后再备课是课堂教学的准备，是教师教学思想、教学方法、教学思维轨迹的记录，更是教师总结课堂教学经验的重要途径。这些都是以后备课的重要资料，为以后的课堂教改与创新准备了第一手资料。应该说，课后备课更有利于教师的专业成长和提高。

教育是传承文化、生成智慧的艺术，是影响生命、促进生命发展的活动。备课则是预演思想、延展艺术的舞台，是蕴含价值、饱含生命追求的活动。在这一活动中，教师的理论思维和艺术创造得以展示，教育智慧和人格魅力得以发扬。在备课中，我们从迷惘走向清醒、从清醒步入感悟、从感悟迈向深思、从深思通向实践，最终达到超越。多年的从教经验告诉我：备课就是一个不断超越自我、不断攀登高峰的过程。只有用"心"备课，才能有备无患！在今后的教学生涯中，我愿乘风破浪，不断精进。

附：活动设计

一、活动目标

1.能够尝试解决生活中遇到的烦恼问题，懂得借助他人的力量来调整自己的目标，解决自己的问题。

2.知道面对烦恼时要采取开朗豁达的态度对待，不要钻牛角尖，要用积极的态度面对烦恼。

3.向同学学习一些解决和摆脱烦恼的办法。

二、活动重点

让学生知道如何面对烦恼、解决烦恼，不为烦恼所困扰。

三、活动难点

学会与人交流、沟通，宽容待人；尝试控制、调整情绪等解决烦恼的方法。

四、活动准备

课件，彩纸。

五、活动过程

(一)情景导入

1.教师播放歌曲《小小少年》。

2.教师：同学们，小小少年遇到了什么烦心事？

3.教师：一首歌曲唱出了小小少年的心声，同学们，你们有没有烦恼呢？我们每个人都有烦恼，烦恼来了怎么办呢？这节课，我们就来讨论这个话题。

(二)心语流露

1.教师：和小组同学说说，你都有哪些烦恼。

2.教师：谁愿意把你的烦恼和大家说说？

(三)云开见日

1.开设"金点子热线"，帮助学生解决和摆脱烦恼。

2.教师：老师这儿也有一件让我心烦的事，大家能帮帮我吗？

3.教师：今天现场，老师还请到了某某同学的家长。我们来听听，他是怎么想的。

4.小结：正像同学们说的那样，烦恼来了并不可怕，关键是我们要积极乐观地面对它。

(四)放飞烦恼

1.教师：同学们都知道化解烦恼的魔法吗？那好，请你再次拿出你的"烦恼纸"，用你刚刚学到的办法来解决一下这些烦恼。

2.教师：现在，我们以最快的速度把你的烦恼纸折成一只纸鹤或一架纸飞机。

3.教师：折好了吗？现在，让我们一起放飞烦恼，让烦恼远离我们，好么？

4.教师：此刻，丢掉了烦恼，你有什么感受？

(五)学海拾贝

教师：活动进行到这儿，老师想让你用一句话说出"烦恼来了____"，我们怎么办？

(六)红日照心

教师：看到同学们能够积极乐观地面对烦恼，老师真为你们高兴。俗话说："积极的人像太阳，走到哪里哪里亮。"老师希望大家都做一个积极向上的阳光使者，好吗？让我们都来播种一个快乐的太阳种子，让世界的每个角落都充满快乐和阳光。

板书设计：

烦恼来了____

积极乐观	打败它
沟通法	解决它
换位法	战胜它
转移法	克服它
咨询法	挑战它
……	……

【评析】张岩老师在备课过程中，着眼于素质教育，体现了基础教育课程改革关于品德学科的教育理念，准确把握了课程标准的要求，贯彻落实了课程标准关于备课、教学建议的要求，使三维目标得以充分实现。

概括而言，主要有下列特点：

1. 细节决定成败。"细"——微末之处，"节"——关键之处，这正是张老师备课经验案例最大的特点。张老师在正确理解教育理念的基础上，接受并运用新理念，做到有的放矢。观念新颖，情感真挚，语言淳朴。充分掌握课程标准，认真钻研教材，以学生为中心，心系每个学生、关注每个学生、善待每个学生。以活动为载体、以课堂为交流平台，既注重学生能力的培养，又强调师生双边、生生多边活动的过程。教师的专业水平和人格魅力得以充分展示。这样寓备课于细节之中，决定了优质课的课堂效果。

2. 案例能够充分体现品德与生活课的学科特点，把握教育的规律，以育人为本，以学生的生活为基础，强调活动性。张老师科学、有效地整合各类教学资源，坚持以生活为准绳，敞开课堂的大门，将品德与生活课的教学从课堂拓展到家庭、社会，与生活全方位"零距离接触"，做到从生活中"知"、在生活中"行"，使学生在生活中得到启发，真正学会做人、学会生活。张老师预设各种活动，突出学生的主体地位，和谐师生的人际关系，强化学生的参与意识，让学生在活动中学习、在活动中感悟，体验生活、感受生活。

3. 案例重视教师备课的个性化。从备课的准备阶段、策划阶段到课后备课阶段，全面、系统地阐述了怎样有效备课。尤其是课后备课，更是教师独具特色的一面。课后备课主要是对课前备课和课堂教学过程进行反思、评析，总结成功的经验，吸取失败的教训，弥补本课教学之失，探索教学的规律和改进教学的途径，是对教学的"二次备课"，是提高课堂教学效果的有效途径之一，也是教师提高自身素质的有效措施之一。课后备课应成为教师每一天的工作和习惯，这样才能从中积累、提升，进而终身受益。

一份高质量的备课案例凝聚着备课教师的心血，也体现着备课教师的智慧、力量及其人生观、价值观。张老师用自己多年的一线教学经验、细腻的语言、浓厚真挚的情感演绎着备课的亲身体验，诉说着自己的育人过程，情系教育，以爱感人、以情动人，努力追求品德与生活的理想课堂。（朱秀文）

案例九 备课要贯穿在生活中的点点滴滴
——怎样优化设计一节地理课

于萍萍

我从教二十多年，对于备课从不敢怠慢，因为学生在变化，教师更要与时俱进。教学生涯最幸福的时光不是获得荣誉的时候，而是站在讲台上被学生认可的时刻。那一刻是建立在无数个冥思苦想的备课瞬间，更是建立在生活中点点滴滴的对学科的关注上。

一、备课备什么

传统意义上的备课是备教材、备学生、备教法等。在高度信息化的今天，教会学生掌握学习地理的方法，用辩证的方法解决问题的能力、生活的态度和价值观念，比学习知识更加重要。所以，结合人教版《地理》八年级（下）第五章第二节"北方地区和南方地区"一节，浅谈我的备课心得，与同行探讨。

（一）掌握学习区域地理的方法

在课堂上，我经常会诧异学生知识的丰富、见识的广博。课本中讲过的地区，无论国内国外，很多学生都去过，很熟悉，教师的照本宣科就变得徒劳无功了。如何能把学生的零散知识串起来，教会他们学习区域地理的方法，便成为我备课的重点。学习区域地理要先了解它所处的地理位置，初中阶段要从纬度位置和海陆位置两个方面分析，通过分析地理位置可以推断出南北方由于所处的地理位置不同，造成在气候、河流流量和植被类型等方面的明显差异。由于自然环境的不同，在生产方式、生活习惯、文化传统等方面存在明显的差异，而即使在南北方的内部也存在着差异，原因仍然和它所处的纬度位置的变化有关。这样一来，学生在学习其他区域地理的时候就有了方式方法，可以做到举一反三、融会贯通了。

(二)拉近与学生的距离，分层次备课

"亲其师才能信其道。"初中学生表现得尤其突出。我采取的方法是和颜悦色地严格要求。所谓和颜悦色，即是利用一切可以利用的手段亲近学生、关爱学生，让他们明白老师是喜欢他们的。很多学生在QQ上和我谈学习生活中的感受，谈游戏，谈他们的小秘密。在学校，他们和我开玩笑，我一一笑纳。但在学习上，我从不放松对他们的要求，他们也能最大限度地接受我、理解我。考虑到各个班级的基础不同，我在备课时准备了不同的方案。对于基础好的班级，我从分析地理位置、在我国气候类型所处的区域开始新授。对于基础弱的班级，我从趣味入手。比如，有个班级有福建的学生借读，我便在备课时准备请他讲讲现在这个季节福州和丹东有哪些差异。这样一来，调动了学生的兴趣，让问题不太枯燥，最大限度地利用学生的资源，达到本节课的教学目标。

(三)收集资料，收看时事

这个环节属于隐形备课，贯穿在生活中的点点滴滴。在讲南北方地区时，当时赶上汶川地震。我收集了大量关于汶川的资料，如它的纬度位置、所处板块、地形地貌、风土人情等资料。果然，每个班学生在要下课时都要问我关于汶川和地震的知识，虽然不是本节课的内容，我仍然把它作为备课的一部分，不仅能赢得学生的钦佩，还能对他们进行爱心教育，起到事半功倍的效果。

(四)尽快接受多媒体等先进的教学手段

学习多媒体操作和制作课件是备课的一个重要组成部分。在这方面的学习中，我始终走在年轻人前面，一是喜欢，二是教学工作需要。在备这节课时，我用photoshop制作了互动的课件，突出了北方和南方地区的差异。学生通过动手操作,根据画面的自动移动,直接就看出了结果。学生自己会制作课件,运用起来驾轻就熟,课堂气氛十分活跃。在经过各方面准备的同时,我确定了本节课的教学目标:利用比较法和归纳法学习区域地理,明确区域主要地理特征和人文特征,通过分析南北地区人文差异产生的原因,培养学生用联系的观点看问题,发展认识人地关系的思维能力。

二、如何实现教学目标

"兴趣是最好的老师。"地理教学的现状是摆在每个地理教师面前的课题,提高学生学习地理的兴趣是我们要真正面对的问题。所以,在课堂活动的设计上,基本是把课堂交给学生,让学生真正成为课堂的主人,发挥其主观能动性。教师精心设计课堂教学环节,在规定的情境内,任由学生自由发挥,最大限度地调动学生学习地理的热情,使学生各方面的能力得到全面提升。

(一)备教材

南北方地区是两个地区差异的比较,运用表格,可以一目了然。

1.在表格比较中认识南北方的气候、降水、地形的差异。在复习和读图中,学生自己完成气候、降水、地形比较,因为这是我们上学期教学过的。我让学生在自我学习中通过表格比较来提高自己的学习能力。

比较内容	地 区	
	秦岭—淮河以北地	秦岭—淮河以南地区
1月平均气温	低于0℃	高于0℃
年降水量	低于800mm	高于800mm
地 形	平原、山地、高原	盆地、平原、丘陵、高原

2.在表格比较中认识南北方的植被、河流的差异。在了解了南北方基本的气候、降水、地形差异后,我接着引导学生学习由此带来的河流和植被方面的差异。

地 区	河流流量	植 被	原 因
北 方	小	温带落叶阔叶林	气候
南 方	大	亚热带常绿阔叶林	气候

有了以上比较，再让学生去搞明白"橘生淮南则为橘，生于淮北则为枳"的原因就轻松多了。

3. 在表格比较中认识南北方的人文差异。"一方水土养一方人"，北方地区和南方地区的自然差异，会影响人们的生活和生产方式。为此，我指导学生自我阅读比较图5.12和图5.13。

4. 探究出北方地区和南方地区的人文差异，并通过表格方式对比总结。

	北方地区	南方地区
土地利用类型	旱地	水田
主要农作物	小麦、大豆、玉米	水稻、油菜
作物熟制	一年一熟或两年三熟	一年两熟或三熟
传统运输方式	陆路运输为主，多马车	水运
传统民居	屋顶坡度小，墙体较厚	屋顶坡度大，墙体高

5. 通过表格探究北方农村生活景观和南方农村生活景观差异的原因。师生共同探究景观差异的原因，再组织学生填表归纳。

南北方农村生活景观差异	成因
土地利用类型	气候
农耕制度、主要农作物	气候
作物熟制	气候
传统运输方式	地形
传统民居	气候
其 他	气候

教材的内容

本节是在第一节教学内容的基础上，进一步明确四大地区的区域特征。本节运用比较的方法，分析南方地区和北方地区的区域特征，内容涉及"总论"中的基础知识，主要包括中国地形的分布和特点、中国气候的主要特征、中国主要的河流以及中国的农业生产等知识。本节教学内容所涉及的北方地区和南方地区同属我国的东部季风区，与西部地区有明显的差异。在教学内容的选择上，对于区域内的自然地理和人文地理的特征并没有一一罗列，而是用比较的方法，对北方地区和南方地区的自然特征进行了阐述。

第一，教材通过图5.9，对北方地区和南方地区的地形、气候、河流流量和自然景观(主要体现植被)做对比描述来体现。从地形图上可以看出：北方地区和南方地区都位于地形地势的第二级和第三级阶梯上。北方地区的西部是黄土高原，东部是东北平原和华北平原；南方地区西部是云贵高原和四川盆地，东部是长江中下游平原和东南丘陵。南方地区和北方地区以"秦岭——淮河"为界。

第二，区域内自然地理要素仍然存在差异。课程标准中明确提出："四大地理单元是为了适应地理学习和研究的需要划分的，这是一种宏观尺度的划分。应该注意，即使在同一单元内，也存在很大差异。"从图5.9中可以看出，哈尔滨和北京的气候条件也有所不同。同属北方地区的东北地区与华北平原在自然景观上有显著的差异：从图5.9中可以看到"北方温带落叶阔叶林"，又从图5.10中看到东北林海雪原中被白雪覆盖的针叶林。表现出即使是在同一区域——北方地区，自然条件仍然存在巨大差异。同理，我们可以看出同属南方地区的武汉和广州的气候条件也有差异，从图中反映出的海南岛与长江流域的亚热带常绿阔叶林的景观也有明显的不同。所以，首先要找到南北方两大区域各自地理事物的共性，即区域的明显特征。从气候来看，北方地区最热月(7月)平均气温在25℃左右，最冷月(1月)平均气温在0℃以下，年降水量较少，主要集中在7、8月；而南方地区最热月(7月)平均气温接近30℃，最冷月(1月)平均气温在0℃以上，年降水量较多，各月降水都比较丰富。

第三，分别就上述自然地理要素在区域间进行比较。从气候上讲，北方地区与南方地区的不同之处：北方地区的1月平均气温在0℃以下，而南方地区1月的平均气温在0℃以上；北方地区的年降水量明显少于南方地区，北方地区降水季节变化比较明显，南方地区的各月降水都比较丰富。教材安排设计了活动，可以从图像比较、归纳，上升为抽象的语言文字，落实教学内容要求。继续进行活动一，可以分别比较河流流量和植被类型。教材中，用长江代表南方地区的河流，用黄河代表北方地区的河流，通过分析河流流量过程线，比较北方地区和南方地区的河流水文特征的差异。通过图5.9中的两幅景观图，可以看出北方地区和南方地区的植被类型的差异。

第四，分析北方地区和南方地区自然差异的主要原因，突出自然地理要素之间的联系。继续完成活动二。从植被类型来看，北方地区主要分布有落叶阔叶林和针叶林，南方地区主要分布有常绿阔叶林，表现为植物的生长要受到气候条件的制约。从河流流量来看，北方地区河流的流量小，南方地区河流的流量大，主要原因是与当地的降水量有关。因此，形成北方和南方自然差异的主导因素应当归结为气候的影响。

以上这些内容主要通过地理图像知识加以体现，通过对学生基本技能的训练，使学生读图、用图的能力进一步得到提高。

(二)备教法、学法

课前预习内容：

课前准备

学生课前准备：每个班级都有小组，每个小组五至六个学生；部分学生准备事先搜集好的相关图片及信息材料。

教学课件：有关北方地区和南方地区的课件、图片资料或录像资料。

预习提纲

预习目标：培养学生搜集资料、归类、处理资料的能力。

预习方法：从其他书籍和电视中了解。

预习内容：南方、北方自然和人文景观有哪些差异。

活动课题

反方："南方地区比北方地区自然条件好。"

正方："北方地区比南方地区自然条件好。"

北方地区和南方地区哪个自然条件好？你同意哪种观点？请就此结合你所了解的事实，发表你的看法。

主持人宣布辩论的一般程序和规范：

正反双方由一辩、二辩、三辩、四辩和自由人按顺序开始辩论，全体学生补充观点和论据。

正反双方作总结陈词。

全体学生评出最佳辩手一名、最好口才两名、表现最佳学生两名，并及时进行奖励。

指导教师对本次活动进行小结。

评价标准：

1. 能较好地和其他同学进行合作学习，提高小组合作水平，掌握合作、交流、倾听等技巧。

2. 能较好地表达自己小组的研究成果，论证自己观点时的说理条理性，在论证自己的观点时论据的充分程度。

3. 学生注意力集中，能认真倾听他人发言，作好记录。

练习设计

填字游戏(请根据南北方的自然和人文方面的差异填写下列词语)

1. 耕地类型：南(　　)北(　　)

2. 粮食作物：南(　　)北(　　)

3. 糖料作物：南(　　)北(　　)

4. 气候灾害：南(　　)北(　　)

5. 交通运输：南(　　)北(　　)

6. 饮食习惯：南(　　)北(　　)

7. 工业结构：南(　　)北(　　)

8. 民居建筑：南(　　)北(　　)

9. 方言种类：南(　　)北(　　)

参考答案：

1. 水；旱 2. 稻；麦 3. 蔗；菜 4. 涝；旱 5. 船；马 6. 甜；咸 7. 轻；重 8. 尖；平 9. 繁；齐。

【简答题】请你说出秦岭——淮河一线的地理意义。

1. 我国 _____ 的分界线。

2. 我国 _____ 的分界线。

3. 我国 _____ 的分界线。

4. 我国 _____ 的分界线。

5. 我国 _____ 的分界线。

你还能说出哪些？

三、教学过程

提出议题："生活在北方好，还是生活在南方好？"通过辩论的形式，变被动学习为主动学习。

展示表格

小组讨论完成。这个环节是在提出议题的基础上分角色完成的。学生带着问题去学习，一定会极大地调动学生的学习热情，锻炼能力，培养合作精神和主动学习的意识，这些比学到的知识还有利于学生的发展。

辩论过程

1. 辩气候

教师：我在9月份去过广州，那里树叶是宽大翠绿的，完全没有北方秋风扫落叶的景象。但北方冬天有很多冬趣是南方体会不到的。那么，哪里的气候更宜人呢？

正方：北方气候好。

反方：南方气候好。

这样的辩论往往热情而激烈。如果遇到知识性的错误，我会立即纠正；如果属于一些小的失误，我会让学生自己处理。在课堂气氛一直沉闷的班级，我会主动营造气氛，并安排相对活跃的学生调动积极性。在太过热情的班级，我会在辩论前严肃辩论纪律，使课堂避免陷入失控的状态。

2. 辩农业

北方辩手：我们北方是苹果等温带水果的重要产区。辽东丘陵和山东丘陵的苹果产量最大。每年，我们除了输出大量的鲜果外，还发展了水果罐头、葡萄酒、果汁饮料制造等工业。此外，不少地区还适宜生长枣、栗、核桃等果树。

南方辩手：南方出产多种亚热带和热带水果，其中柑橘的产量最大，分布地区也最广。南部沿海地区出产香蕉、龙眼、菠萝、荔枝、槟榔、罗汉果、芒果……荔枝是古今中外驰名的中国南方珍贵水果，色、香、味俱佳，被誉为"果中皇后"。海南岛还盛产椰子。

教师：南北方水果可不可以交换种植呢？（学生讨论）

教师：所以，要因地制宜发展农业。那么，为什么北方能吃到南方的水果呢？（学生：是交通发达的结果）

3. 辩交通

南方辩手：南方地区的水运真是发达，在这里有"黄金水道"长江，还有那始凿于春秋时期的京杭运河，而北方缺水问题非常严重。

北方辩手：北方有着发达的铁路网，我国的铁路交通主要以我们北方最为稠密。

教师：各种交通运输方式的发展，使南北方的交通更为便利。

活动总结

南北差异表现在各个方面，造成的原因也很复杂。其中，地理因素是不可忽视的重要原因。

抢答练习

这个环节，让学生既锻炼了能力，提升了兴趣，又抓住本节课的知识重点，真正做到在游戏中学习，而不是在游戏中游戏。

全课总结

教师在课堂上要给予客观、公正的激励评价：对学生的表现给予肯定，并对没有完全掌握的学生给予激励。这节课就是肯定学生正确的地理思维能力和表述能力。

附：教学设计

课题：第五章第二节"北方地区和南方地区"

教学目标

1.了解北方地区和南方地区受不同的自然环境影响,在人文方面存在的明显差异。

2.培养学生的读图、用图能力。

3.通过分析南北地区人文差异产生的原因,培养学生用联系的观点看问题,发展认识人地关系的思维能力。培养学生的爱国主义思想。

一、教学过程

储备知识,感知教材。利用多媒体展示表格(略)。

1.在表格比较中认识南北方的气候、降水、地形的差异。

2.在表格比较中认识南北方的植被、河流的差异。

3.在表格比较中认识南北方的人文差异。

4.用表格探究北方农村生活景观和南方农村生活景观差异的原因。

二、辩论过程

1.辩气候

2.辩农业

3.辩交通

三、抢答(略)

四、总结(略)

【评析】这是一个很好的地理学科备课案例,它是于萍萍老师多年地理教学经验、教学思想、教学智慧的的沉淀,为广大的地理教师和其他学科的教师提供了备课经验和示范。从"北方地区和南方地区"的备课案例中,我们有这样几点可以借鉴:

首先,从教学目标看,本课更加注重三维目标的设计与达成。在知识与技能目标中,本节课大量利用表格比较南北方在人文、自然等方面的差异,直观形象地解决了本节课的重点问题,把复杂问题简单化,降低了难度,提高了兴趣,让学生在探究学习过程中,加深了对知识的理解、对方法的掌握,体现新课改环境下培养学生自主学习的理念,并且把情感、态度与价值观渗透在教学的各个环节,使情感教育起到润物细无声的效果。

其次,从教学过程看,本课教学设计安排大量学生活动,形式多样,生动有趣，让学生以自主学习为主，把课堂交给学生，充分调动了学生的主观能动性，变被动学习为主动学习、变被动接受为主动探究，改变了课堂教学的性质。在教学内容上，容量大，知识性和趣味性相结合，多种教学手段并用，极大地调动了学生学习地理的热情。把课堂交给学生，能做到有的放矢。在教师精心设计的前提下，让学生充分发挥、发现，体现探究学习的乐趣，锻炼了学生学习能力。

再次，从对教材的重新整合看，能注重开发地理课程资源。正如她自己说的那样："备课要贯穿在生活中的点点滴滴。"特别是利用各种图表让学生去填写比较、总结，提高了课堂教学的有效性。从这里，也看到了她具备很强的组织处理和驾驭教材的能力。（张莉）

案例十 心中时刻有目标是有效备课的关键
——怎样优化设计一节历史课

王立娟

历史课程目标是通过学习历史课程希望达到的结果，直接关系到把学生培养成什么样的人的问题。历史教学的终极目的就是为了实现历史课程目标。

历史新课程把课程目标分为三部分，即知识与能力、过程与方法、情感态度与价值观三个维度。从理论上讲，这三个维度是一个不可分割的统一体，知识与能力的习得离不开过程与方法，过程与方法离开了知识与能力也就成了无源之水，情感、态度与价值观的形成也是以一定知识为基础并通过过程与方法来实现的。但是，出于研究问题、表达清晰的需要，我们通常会把三者分开来表述。所以，教师在写教案时，通常第一部分就是分别陈述目标。根据笔者观察，大多数教师对这项工作并不是十分重视，认为这只不过是形式，最重要的部分应该是后面的教学过程。实际上，教学过程就是为目标服务的，精彩的教学过程以实现课程目标为最终目的。因此，从历史教学的第一阶段——备课的角度来讲，可以说目标才是备课的出发点，而备课则以实现目标为归宿。

本文认为，备课就是在弄清课程目标的基础上，围绕目标选择教学方法与手段、设置目标情境等一系列行为过程。所以，有效备课的关键就是心中时刻有目标。

一、如何合理构建三维课程目标

每一堂课都应该是经过课前精心的准备、教学中细致的组织及课后深入的反思。课上功夫在课外，目标构建的过程是对教科书和相关课程资源梳理的过程，所构建的三维目标体系的合理与否直接影响到教学效果的实现。要想合理构建课程目标，推动后面教学有效进行，应当切实做好以下工作：

首先，分析历史教科书。根据课程标准编订的教科书是实现课程目标的最主要的课程资源。所以，要想确定三维课程目标，必须对教科书的内容有一个全面而通透的把握。然后，理清这节课学生应该掌握哪些知识与能力，运用怎样的过程与方法，形成什么样的情感、态度与价值观。以"美国南北战争"为例，如果想确定本课的"知识与能力"目标，就必须仔细研读教科书，弄清其中有哪些知识点，这些知识点之间存在怎样的逻辑关系，通过这些知识点的获得培养学生的哪些能力。但很显然，这一节课的知识点有很多，其中包括时间、地点、人物、历史事件、历史概念(如种植园经济)等不同层次的知识，并不是所有的都要列为知识目标。这就要求教师根据教科书的基本内容进行合理取舍，然后确定知识目标。例如，可以把本课内容知识目标归结为战争爆发的原因、过程、影响。

能力也有很多种，历史学科能力的划分没有一个统一的标准。笔者按照能力的层次高低尝试进行这样的划分，即基础能力、一般能力和特殊能力。基础能力是学生进行一般学习，无论是语文、数学、生物等学科的学习，还是日常生活，都应具备的能力，如记忆力、观察力等。就历史学科而言，一般能力主要是指阅读文本、绘制历史图表等能力，特殊能力主要是指多角度评价历史人物和历史事件的能力、运用相关历史理论分析历史问题能力等。历史学科能力的培养是以一定的历史知识为基础的，否则，能力便成了无源之水。

因此，要想确定本课能力目标，必须钻研教科书内容，看一看哪类知识的习得可以培养或需要运用学生的哪一类能力。只有这样，才能合理清晰地确定能力目标。例如，本课"动脑筋"栏目提供了反映南北双方经济制度矛盾的两则小材料。教师根据这一栏目，可以判断两则材料主要呈现的是关于"内战原因"方面的知识点。在弄清何种形式呈现这一基本知识点后，便可确定能力目标。很显然，这一知识点的习得有利于培养学生阅读历史资料、分析历史问题的能力。总之，只有通过分析历史教科书中各种历史知识的特点，才能合理确定能力目标。以上叙述中知识与能力之所以分开表述，只是为了使学生和教师能明确地理解学习过程中要达到的目标，也是为了阐述的方便和有利于学生的理解。实际上，这两者是不能独立存在的。对于这一点，教师应该清楚。

情感、态度与价值观目标的确定同样是以分析教科书内容为基础的。没有历史知识做支撑的情感、态度与价值观是不存在的，但就某课而言，不是所有的历史知识都可以实现这一目标。教师的任务就是通过分析教科书，找出最恰当的可以帮助学生实现目标的历史知识，为后面的目标描述打下基础。所以，要想确定"美国南北战争"这一课的情感、态度与价值观目标必须首先从历史教科书内容中分析哪类知识可能蕴含的情感教育因素，然后才能合理进行描述。一般而言，教科书上的细节性历史知识，由于有着详细的情节描述，更适合进行这一目标的教学。例如，本课中的小字部分有一段关于林肯生平介绍，其中提到他的非凡经历、他对黑奴的态度、他对处理南北矛盾的具体想法等。很显然，学生通过这些细节性描述，就能够感受到林肯积极的人生态度、对黑人的同情心及其政治智慧。因此，我在后面的教学案例中便把这部分内容作为制定此目标的首选素材。当然，在这里也要强调教科书虽然是主要的课程资源，但并不是唯一的课程资源。所以，利用其他渠道、有利于实现这个目标的相关素材也可以采用。

其次，分析学生，构建目标。学生是三维目标的培养对象，其已有的知识与能力、方法、情感态度与价值观基础构成将直接影响到即将进行的教学活动。例如，已有的知识越是广博、精深，已掌握的能力越是熟练，越是能够促进新知识的学习和新能力的培养。奥苏伯尔认为："学习就是新知识与学习者原有认知结构中的适当或相应观念建立起非人为的、实质性的联系的过程。"一般来讲，我们主要从两个方面分析知识与能力基础，一方面是了解把握学生已有的知识与能力的掌握程度，分析与现在进行的知识与能力学习的联系，联系是密切还是疏离，这将会影响到课堂教学的效果。例如，正是因为学生之前已经从三角贸易中了解了黑奴贸易的基本情况，我才能在本课中设置这样的问题："南方则是英王的特许殖民地，这里民主气氛较差，去的移民也较少，那么，他们怎样补充劳动力呢?"否则，这个问题将会是一个无效问题。

另外，教师可以利用学生已有的知识与能力设计教学情境，培养和激发学生对于新知识与新能力的学习动机。在明确了已有知识和能力与即将进行的学习有着某种联系的情况下，学生更容易掌握新知识和能力，更容易获得自我满足，获得教师和同学的赞扬。这样一来，学生追求实现目标的动机会更加强烈。例如，学生在本课前就听说过有关林肯总统的信息。因此，为了调动他们参与的积极性，便可提出问题：他是怎样一个人呢？大家了解他吗？知道多少说多少。他们掌握的知识可能是不全面的，但他们已有知识和将要学习的知识发生联系后，很自然地就会激发他们后继学习的动机。

另一方面是分析学生已有学习能力的高低。学生的学习能力的高低会影响到对不同类型的知识掌握程度。比如，学生的记忆能力强，就容易掌握历史年代这类知识；学生的概括综合能力强，就容易理解历史发展线索这类知识。因此，分析学生情况，也影响到目标体系的构建。例如，学生已经掌握归纳历史事件意义的能力，在本课中，为了让他们巩固这一能力，制定的"知识与能力"目标可表述为通过南北战争历史意义知识点的学习培养学生归纳历史意义的能力。在教学案例中，提出了这样一个问题："林肯的一生是光辉的，他领导的美国内战是伟大的，那么，这场伟大的战争意义何在呢?"提出这一问题的目的就是为了实现上述目标。

那么，如何通过分析学生，确定过程与方法目标呢？

新课程首次把过程作为目标提出，认为"学习历史是一个从感知历史到不断积累历史知识，进而不断加深对历史和现实的理解过程，同时也是主动参与、学会学习的过程"，而不是被动地、直接地接受历史知识。强调目标的实现需要经过一个过程，而不是直接获得目标。在实际的历史教学中，只要进入课堂教学，不管学生是被动地参与学习还是主动地参与学习，不管学生是直接接受历史知识还是经过一定的探索获得历史知识，都已经进入了教学过程，这一过程是客观存在的。过程是实现知识与能力目标、方法目标、情感态度与价值观目标的过程，不能脱离这三部分目标独立存在。知识与能力目标、方法目标、情感态度与价值观目标的实现本身就是一个过程，对这三部分目标的设计就是对过程的设计。所以，这一部分只阐述方法目标的设计思路。

历史学习方法具有很大的稳定性，变化较少。长期从事历史教学工作的教师非常熟悉学生通过历史学习所要掌握的方法。因此，一般来讲，教师通过分析学生，主要是在头脑中对所教学生在宏观上做一下估计，判断这些学生对各种学习方法的大致掌握程度，在本课可能需要不断巩固哪些原来的方法，并估计在本课教学着重掌握哪些未接触过的方法，在此基础上，合理地制定方法目标：例如，教师在清楚学生已经掌握分析历史事件方法的前提下，便可这样描述方法目标，学生通过什么知识的学习，巩固哪一类学习方法。就拿"美国南北战争"一课来讲，教学案例中诸如"请同学们回想一下，我们在学习一个历史事件的时候，都从哪些方面来学习"、"你们能否根据这些方面绘制本课的知识结构"之类的处理，就是为了实现上述目标。基于学生原有的情感、态度与价值观对这部分目标的制定影响较小，这里就不再详细论述。

二、以目标为核心选择合适的教学方法和教学手段

完成目标构建的前两步之后，教师还应考虑如何在教学过程中通过恰当的教学方法和手段帮助学生实现三维目标。

就知识与能力目标的教学而言，教师可以针对不同的知识与能力类型采取不同的方法和手段。实现基础性历史知识和能力目标，可以采取教师讲述的方法和直接通过黑板或多媒体呈现的手段，这样可以提高教学效率。也可以采取由教师提出目标、学生自学掌握的方法。或者由教师不断提出问题，引导学生积极思维，理解相关知识；或者由学生自行研究目标资源结论，最后由教师指导总结。很显然，要想实现一节课的"知识与能力"目标，仅靠

一两种教学方法和手段是远远不够的。在大多数情况下,都是多种方法和手段的综合运用,或者是以某种方法和手段为主、以其他方法为辅来实现目标。以"美国南北战争"来讲,在教学方法上,主要就是以问题探究式教学方法为主,兼以讲授法、讨论法等各种方法。从后面的教学案例可以发现,教师在整个案例中不断地向学生提出问题,然后引导学生积极思维,让他们依靠已有的知识和能力解决相关问题,这是问题探究式教学方法的主要表现。案例中,设置了这样一个问题:"美国这场惊心动魄的南北战争终以北方的胜利而告终,那么我们能不能总结出北方胜利的原因呢?"这一问题的设置便是讨论法的合理运用。当然,其中还有其他教学方法的运用,在这里就不一一列举了。就教学手段而言,本课不仅运用了传统的黑板、教科书等,还运用了PPT和视频等手段。例如,请学生观看《汤姆叔叔的小屋》的视频,然后,通过影片谈感受,调动了学生参与讨论问题的积极性。总之,针对不同的知识与能力目标类型,选择不同的方法和手段,是设计知识与能力目标的重要环节,直接影响到目标的实现。

选择合适的教学方法,不仅有助于学习历史知识与能力,也同样有助于学生学习方法的掌握。其积极作用体现在以下两个方面:一是巩固已掌握的学习方法,让学生使用得更加熟练;二是利于掌握一种新的学习方法。例如,案例中,教师以美国内战中一个战地记者的身份采访学生对《宅地法》和《解放黑人奴隶宣言》两部法案的感受,让学生学会通过深入历史来感知历史的方法,使学生掌握了一种新的方法。

知识教学可以对学生"强硬灌输",能力、方法目标教学可以对学生"反复训练",都能取得一定的教学效果。然而,学生的情感、态度与价值观的变化是无法测定的。在这种情况下,教师只有通过合适的教学方法,引导学生积极参与所创设的目标情境,才可能使得学生的情感、态度与价值观发生变化。合适的教学方法必须符合以下要求:能够调动学生的积极性,主动参与教学,有着强烈的内在学习需求。学生的主动参与,不仅体现在学生的肢体行动上,也包括学生通过思维活动积极响应教师。以"美国南北战争"为例,为了让学生从林肯身上学到其积极向上的人生态度、坚持不懈的生命意志等宝贵品质,我并没有直接告诉他们应该从林肯身上学到什么,而是通过 PPT 展示相关资料的方法，让他们自己去感受林肯到底哪些地方值得我们学习。很显然，这种展示历史细节让其自己体会个中情感性因素的方法和空洞说教相比是极为有效的。

总之，为了实现三维课程目标而选择合适的教学方法和教学手段是有效备课的一个重要环节。

三、合理描述三维目标

新课程提出了新的目标体系，即知识与能力、过程与方法、情感态度与价值观。在新的体系下如何合理清晰描述目标，便成为备课时一个很重要的环节。不过，正如前面所提到的那样，大多数教师认为三维目标只不过是换了一个说法而已，其实和原来并没什么太大区别。更何况对于备课而言，它只不过是一种无关痛痒的形式，对后面的教学并没什么实际意义。很显然，如果以这种态度看待目标的价值，怎样去描述目标就更加无关紧要。实际上，目标对于备课的重要价值前面已经谈及。下面，我们重点来谈谈如何合理描述目标。只有在备课时把目标表述明确清晰，才便于在后面的教学中实现目标。

一个完整的教学目标应有两项任务：一为描述目标；二为分析目标。所谓描述目标，就是要明确地规定出学生的终点水平，也就是学生经过一堂课的学习应达到的水平。所谓分析目标，就是对从起点水平达到终点水平所需要的有关基础及其相互关系，进行逐级逐项的分析。在前面已对教学目标做出明确的分析，下一步是把前面的成果总结概括成文字或以语言形式呈现。

下面，仍以"美国南北战争"为例，说明如何合理描述本课三维目标。根据前面的分析，可以发现一节课每一维目标都可能包含很多内容。限于篇幅，在这里只就每一维目标部分内容进行描述，以说明描述的具体方法。

知识与能力：由学生自行阅读课本，从原因、过程、影响等方面概括本课的知识结构。在这一目标描述中，课本是实现目标的资源，"学生自行阅读"是教学方法，同时也反映出这一部分知识是基础性知识，比较简单，易于掌握，学生完全可以通过自学的方式来实现目标。"学生概括本课知识结构"体现了学生达到这一目标时的状态，而这本身就是培养学生阅读文本、概括知识要点的能力。描述这一部分目标的基本原则是应该让学生清楚通过什么知识的学习，培养他们哪些具体的能力。

过程与方法：让学生站在不同的立场(如普通人、黑人奴隶、南方种植园主等)，谈谈自己对《宅地法》和《解放黑人奴隶宣言》两部法案的感受，使学生学会深入历史思考问题的方法。对这一目标的表述，让学生通过对两部法案的感受这一具体内容来深入历史思考历史问题的具体方法，显然更具操作性。

情感、态度与价值观：通过展示林肯的相关细节性资料，让学生自己去体会林肯身上宝贵的精神品质(如积极向上的人生态度、坚持不懈的生命意志等)。这一目标明确了实现目标的手段与方式，同时也强调了所要达到的结果。

从上面的例子可以看出，要想最终有效实现课程目标，一个大前提就是要在备课时清晰地表述目标以便于实际操作。表述清晰的目标要清楚通过什么样的"具体内容和方法"达到什么样的"具体效果"，而不能笼而统之地表述为通过本课学习培养什么能力、方法以及形成怎么样的情感、态度与价值观。

四、围绕目标选择课程资源和创设相关情境

课程资源是目标实现的基础。就历史课而言，课程资源主要包括：一是历史教科书，也是目前最主要的课程资源；二是其他相关历史文献、历史读物、历史报刊等文字资源和图片、实物资源；三是教师和学生，除了二者所具备的历史知识之外，教师调控课堂的能力也是一种非常重要的目标资源，教师教学水平的高低与目标的实现情况成正比。

很显然，由于三维课程的具体特点或性质不同，就要选择不同类型的课程资源。在宏观上，同一课程资源也可以为同一目标服务。例如，历史教科书就是可以实现三维目标的公共资源。但不管怎样，要想实现某一具体目标，还是应该根据其特点选择最有效的资源。当然，实现同一目标的具体课程资源也可以是不同的。毕竟，哪个更有效只能是相对而言，这要由教师、学生自身特点等多种因素决定。

以实现"美国南北战争"一课三维目标的课程资源为例，历史教科书仍

然是最主要的课程资源。可以说，教学案例中的大多数素材均来自教科书。教科书无论是对实现知识与能力，还是对情感、态度与价值观的目标，都是不可缺少的重要资源。教师备课时的主要任务就是有效整合教科书内容，针对不同目标选择相应的资源进行设计。比如，为了实现本课情感、态度与价值观目标，教师就要选择教科书小字部分关于林肯的内容作为目标资源。另外，还要合理选择其他资源。如《汤姆叔叔的小屋》这一视频资源，它最大的优点就是能够有效增强历史的直观性、感染力，以激发学生的兴趣，从而调动其参与问题探究的积极性。还有就是师生已有的知识经验，也是一种课程资源。比如说，案例中用牛仔裤这一学生的已有经验导入西进运动，就是对学生已有经验的利用。类似后两种资源，可能并非直接指向课程目标本身。但有一点可以肯定，这种资源对于有效实现目标起着间接的促进作用。总之，根据目标特点选择适当的课程资源，也是有效备课的一个重要步骤。

除此之外，设置目标情境也是备课过程中必不可少的环节。目标情境是指在教学过程中为了达到既定的教学目的，从教学需要出发，引入、创造与教学内容相适应的具体场景或氛围。实际上，设置目标情境就是有效处理已经选择的课程资源的过程。"美国南北战争"教学案例开始的导入就是一个很好的目标情境，它把《汤姆叔叔的小屋》作为主要素材进行放映。然后，抛出问题："看来大家意犹未尽，那么，谁能告诉老师，影片中林肯所说的由斯托夫人的这本《汤姆叔叔的小屋》引起的伟大的战争指的是什么战争？"这一情境很容易把学生的注意力吸引到美国内战这一主题上来，为实现三维目标做了一个很好的铺垫。仔细观察可以发现，整个教学案例就是由许多不同的教学情境，特别是问题情境为支撑的。正是在这样的情境中，学生面对不断产生的问题，自然而然去思考问题，最终去解决问题，也就在这一过程中不断地实现课程目标。因此，可以说围绕目标创设各类目标情境是备课过程中的重中之重。

总之，备课就是以课程目标为核心，不断选择教学方法和手段并合理选择课程资源、创设目标情境的过程。因此，要想实现有效备课，就要心中时刻有目标。

附：教学设计

一、教学内容

人教版《世界历史》九年级上册 第18课南北战争

二、教学流程

设境激趣，导入新课

今天，能与大家共同学习，老师感到非常荣幸！老师远道而来，给大家带来了礼物，两本美国经典小说：斯托夫人的《汤姆叔叔的小屋》，还有玛格丽特的《飘》。本节课，我们要评选出表现优秀的历史之星，然后把这两本书送给他们。想得到吗？那么，就请大家拿出自己的实力，把最亮丽的风采展示给在座的所有老师和同学！

教师：老师知道，一定有同学没看过这两本书。那么，让我们先一饱眼福吧！请看根据小说改编的电影《汤姆叔叔的小屋》。

（教师播放《汤姆叔叔的小屋》电影片段，学生观看）

教师：看来大家意犹未尽，那么，谁能说出影片中林肯所说的由斯托夫人的这本《汤姆叔叔的小屋》引起的伟大的战争指的是什么战争？

学生：美国的南北战争。

教师：下面就请同学们随老师穿越历史时空，回到140多年前的美国，一起感受那段惊心动魄、气壮山河的历史场面。今天，我们一起来学习第18课"南北战争"。

设疑自读，构建结构

教师：请同学们回想一下，我们在学习一个历史事件的时候，都从哪些方面来学习？

学生："五W"，就是why（为什么）、where（地点）、when（时间）、who（人物）、what（经过及意义）。

教师：非常好，看来大家已经掌握了学习历史事件的方法(利用多媒体出示"五W"的方法)。那么，老师还想看看同学们的自主学习能力。下面，请同学们阅读课文，看看谁能在短时间内找到这几个要素，并挖掘出本课知识的内在联系，列出本课的知识结构。好，开始！（板书课题）

(学生阅读并构建知识结构，教师板书：构建合理的知识结构)

点拨指导，研习新课

(一) 根本原因——南北两种经济制度的矛盾

教师：我们首先来解决第一个"W"，南北战争爆发的根本原因。根据以往的学习，我们知道战争是矛盾激化的结果，南北战争的爆发就是南北方的矛盾促成的。那么，南北方存在什么矛盾呢？

学生：是南北双方在经济制度上的矛盾，南方实行种植园经济，北方实行资本主义工商业经济。

(教师板书：北方——实行资本主义工商业经济；南方——实行种植园经济)

教师：美国这两种不同的经济制度从殖民地时代就形成了，那么，它们之间的矛盾体现在哪些方面？让我们一起来分析一下。

(教师利用多媒体出示史料，学生分析)

学生：体现在市场、原料、关税、劳动力。

教师：下面，我们再次看看《汤姆叔叔的小屋》里的一段视频，请同学们谈谈看过之后的感受。

(教师播放视频，学生观看)

学生：黑奴的生活非常悲惨，没有人生自由，是种植园主的私有财产。

教师：那么，你能不能透过现象看本质？通过这段视频，你还能看出什么？

学生：在两种经济制度的矛盾中，最突出的矛盾是劳动力的矛盾。

教师：同学们分析得很到位，看来大家有一定的经济头脑。在这些因素中，劳动力的矛盾是最突出的，而这种劳动力的矛盾在"西进运动"以后更加尖锐。通过阅读，我们知道了什么是美国的西进运动。那么，谁能说说西进运动的实质是什么？

学生：是美国领土扩张的过程。

教师：(多媒体演示美国的领土扩张)说得很准确。请同学们看大屏幕，美国在独立自由时是13个殖民地。1783年，英国正式承认美国独立，英国放弃了密西西比河以东的地区，归入美国的领域。之后，通过购买、强夺等手段获得了更多的领土。下面，请同学们看一幅漫画，考考大家的眼力，看看这幅漫画说明什么问题。

学生：随着一个个新州的建立，美国的两种经济制度的矛盾更加尖锐了，在新州实行什么制度呢？是南方种植园经济的蓄奴州还是北方资本主义工商业的自由州呢？这样就形成了矛盾的焦点——奴隶制的存废问题。

教师：同学们分析得很好！（板书：矛盾的焦点——奴隶制的存废问题）如果你有幸成为美国总统，你怎样解决这个问题？

学生：废除奴隶制，实行资本主义工商业，建立自由州。

教师：有魄力，那么能说出你的理由吗？

学生：当然，因为南方的种植园主把大量的劳动力束缚在土地上，阻碍了美国资本主义的发展，而北方的资本主义工商业经济更适合当时时代发展的需要。

教师：当时的有识之士与我们大家的想法是一致的，不能让这种阻碍历史前进的落后的奴隶制存在下去。于是，在美国掀起了一场轰轰烈烈的废奴运动。那么，历史上谁是美国奴隶制度的终结者呢？

学生：林肯。

（二）直接原因——林肯就任美国总统

教师：（多媒体出示林肯的人物像）这就是与华盛顿齐名的林肯，大家了解他是怎样的一个人吗？我们来看看他的生平，请同学们看大屏幕（多媒体出示林肯的生平），你从中获得哪些信息？你得到什么启示？

学生：他一生坎坷，经历过数次的改变其命运的挫折和失败，但他不气馁，坚守自己的信仰和追求。

教师：说得太好了，那么，从林肯身上学到了什么？

学生：积极向上的人生态度，坚持不懈的生命意志。

教师：林肯从一个贫苦农民成为美国总统，不仅改变了自己的命运，也改变了美国的命运。1860年，林肯当选美国第16任总统。他的当选犹如晴空中的炸雷，带来了严重的后果，激化了本已尖锐的南北矛盾，遭到了南方奴隶主的坚决反对。南方奴隶主为什么反对他呢？（多媒体出示林肯的著名言论，提出问题）

学生：一半自由——北方的资本主义工商业经济制度；一半奴隶——南方的种植园经济制度。这就体现了林肯坚决反对奴隶制的态度和维护国家统一的决心。

教师：1861年，南方种植园主在里士满另立政府，发动叛乱，向北方政府发动军事进攻，内战由此爆发。而林肯的当选就成为南北战争的导火线。

(板书：导火线——林肯当选总统)

(三)战争初况

教师：(多媒体出示内战初期南北方力量对比表)下面，请看内战初期南北方力量对比表，请根据图表分析哪方占有优势？

学生：北方。

教师：那么事实如何，真的如我们所料吗？

学生：不对，战争初期，北方处处失利，完全处于被动地位。

教师：这是为什么？

学生：从双方对战争的准备上看，南方蓄谋已久，准备充分，占有主动权。相反，北方准备不充分，以林肯为代表的北方政府优柔寡断，幻想通过与南方的妥协换取联邦的统一，因而仓促应战。

教师：这也应了我们的古训：不打无准备之仗。面对北方政府的连连失利，南方奴隶主叫嚣："那根小小的、细弱的棉花，虽然连一个小孩子都可以弄断它，但它却能把世界绞死！"

(四)战局扭转

教师：怎么办？就听任南方奴隶主猖狂下去吗？当然不会，林肯果断地出手了，他采取了积极有效的措施。什么措施呀？

学生：颁布了《宅地法》和《解放黑人奴隶宣言》。

教师：我们来看《宅地法》和《解放黑人奴隶宣言》的内容。(出示两部法令的内容，学生齐读)

教师：对两部法令的内容，我们了解了。如果我们生活在那个历史时期，看到这两个法案后，会有什么感受或行动呢？让我们回到那个时代，老师是美国内战的一个战地记者，我来做一个采访。

(学生从不同身份谈，普通公民、黑人奴隶、废奴者……)

教师：这么多人谈出了自己的感受，你能说出这两部法令的颁布起到的作用吗？

学生甲：树立了林肯的威信。

学生乙：充分调动了广大人民的积极性，使北方部队获得了雄厚的兵源。

学生丙：扭转了战局，使南方军队彻底陷入绝境。

(五)战争结果

教师：美国这场惊心动魄的南北战争最终以北方的胜利而告终。那么，我们能不能总结出北方胜利的原因呢？请大家分组讨论，然后说出你们小组的观点。

学生甲：得道多助，失道寡助！

学生乙：得民心者得天下，失民心者失天下！

学生丙：正义必将战胜邪恶！

学生丁：进步的制度取代落后的制度是历史发展的必然！

(六)战争意义

教师：那么，这场战争的意义何在呢？请同学们从内战爆发的原因、经过等方面去分析。

(用多媒体出示内战的意义：废除了黑人奴隶制，为资本主义的发展扫清了又一障碍；维护了国家统一，为日后美国成为资本主义强国奠定了基础)

教师：那么，障碍指什么？为什么说"又一障碍"？

学生：障碍指黑人奴隶制，"又一障碍"说明美国历史上还有一大障碍，那就是英国的殖民统治。

教师：同学们分析得很到位，这也说明了美国内战的性质是资产阶级革命，而且是第二次资产阶级革命。那么，第一次资产阶级革命是什么？

学生：独立战争。

教师：独立战争使美国摆脱了英国的殖民统治，完成了民族的独立，而南北战争则废除了奴隶制，维护了国家的统一。

(七)评价林肯

教师：南北战争的历史意义是伟大的，而领导这场内战胜利的林肯却献出了宝贵的生命！战争结束后，失败的南方奴隶主对林肯恨之入骨，雇凶手刺杀了林肯。那么，你能从本课的学习中，结合以往评价历史人物的方法，来评价一下林肯吗？

学生：林肯领导美国人民进行了一场维护进步和统一的正义战争，在与南方的决战时，颁布了《解放黑人奴隶宣言》，扭转了战局，平息了奴隶主发动的叛乱，消除了黑人奴隶制度，为资本主义的发展扫清了又一障碍，推动了美国历史的发展。

教师：同学们评价得很准确！他为美国资本主义的巩固和发展起到了积极的作用，他的历史功绩并未随着他生命的消逝而被人们遗忘。看这张图片（多媒体出示林肯纪念堂图片），美国人民为了纪念林肯修建的纪念堂，四周环绕36根古朴的希腊式白色大理石圆形廊柱，代表林肯逝世时的36个州，而且它有56级台阶，象征着林肯光辉的一生。林肯与林肯领导的南北战争将永载史册！

总结归纳，目标升华

教师：这节课的主要内容，我们就上到这里。那么，谁能说一说在本课学习中你学到了哪些历史知识？你掌握了哪些学习方法？你在情感体验中感受最深的是什么？

学生各抒己见。

教师：通过本课的学习，我们验证了先进的制度取代落后的制度是历史的必然规律。同时，也知道了统一对一个国家和民族发展是至关重要的。所以，为了我们国家的发展和强大，我们期待着台湾能早日回到祖国的怀抱，实现真正的统一。

学以致用，中考链接（略）

【评析】王立娟，是我市青年教师，教学骨干，治学扎实，自觉提高的意识强。几年来，她坚持在课改第一线，不断学习、不断探索、不断实践，摸索出一套自己的教学模式。她的课既体现了新课程的教学理念又朴实无华，课堂教学的实效性比较强。

《美国南北战争》一课的备课案例主要有这样几个特点：

1. 激趣导课。兴趣是最好的老师，它可以激发学生的学习热情和求知欲望。本课例以电影《汤姆叔叔的小屋》所反映的黑人奴隶的悲惨生活为切入点，营造出美国南部的黑人奴隶制的历史情境，引发了学生探究知识的愿望。

2. 指导学生学会获取历史知识的方法。学会学习是新课程的重要理念，是历史教学追求的目标，本课教师通过"五W"指导学生掌握历史事件的方法；通过引入课外资料，指导学生分析美国南北方经济制度的不同而引发的矛盾，随着矛盾激化最终导致战争的爆发，从而认识南北战争爆发的根本原因；通过对战争中南北双方的力量对比、战争过程和结果的逐步分析，指导学生正确认识知识之间的内在联系，懂得如何把握隐含的东西，引导学生透过复杂历史现象认识事物的本质。只有这样的知识学习，才是有意义的学习。

3. 注重了情感、态度与价值观的达成。引导学生学会做人，培养高尚健康的情感，是历史教育的重要功能。本课例引入林肯的生平事迹，既丰富了教材内容，又可使学生透过他的成长经历，了解他的精神世界，汲取他的人生经验，学习他的优秀品质，从而培养学生的历史责任感和使命感。

4. 多媒体课件在本课中起到了突出重点、解决难点的作用。（王慧娟）

案例十一　培养技能　灵活应用　备课解析
——怎样优化设计一节信息技术课

钱　蕾

作为本学科一名优秀的年轻教师，有效备好信息技术课是我的追求之一。我的体会是：在备课的时候，应该将培养学生对学习信息及信息技术的兴趣放在首位，并将信息技术与学生的生活实际紧密相连；要充分发挥学生的主体性和主动性，进而提高学生的创新意识和处理、应用信息的能力。

在近十年的教学过程中，我发现在本学科中经常出现的现象是：学生对电脑感兴趣，但对信息技术课兴趣不高；学生认为所教内容比较简单，早已全都掌握，却并不能拿来解决实际问题。针对这些现象，我们在备课过程中应该怎样解决问题，实施更有效的课堂教学，提高学生的信息技术能力？经过近几年的教学实践，我现结合辽宁师范大学出版社出版的《信息及信息技术》七年级下册第二单元第二课"灵活自如用表格——处理表格"，谈一谈备课中的点滴体会与做法。

一、制定有效的教学目标

制定有效的教学目标，首先要做到了解学生、分析学生。这里面，包括了对学生两个方面的分析。一是学生状况分析。在学习本课之前，学生具有怎样的知识基础？他们都掌握了相关知识吗？全体学生的掌握程度如何？每个学生的起点如何？是否具备本节课所要求的学习能力？他们在具体的学习过程中，会遇到哪些困难？"灵活自如用表格——处理表格"是一节有关word表格的深入操作课程，通过学习，学生能够根据实际对表格中的数据进行排序和计算。学生经过小学及七年级上半年的学习，已经具备计算机的基本操作能力，并且经过几年的强化训练，普遍掌握word的基本操作和技能，具备实施正常教学的基础。而我预设在实际教学过程中，通过教师的循序讲解和引导，大部分学生会掌握处理表格数据的方法。鉴于学生的接受能力的个体差异，在本节课的学习中，一些重难点可能会出错。例如，"数据排序"的地方一些选项没有设置好，出错的可能性较大。因此，我认为有必要在这里做重点突破，给学生出示错误案例：一种是表格标题行都处在表格最下方的案例；一种是按照规定排序后表格排序显示结果不正确的案例。通过学生自己纠错来发现问题，帮助他们更好地记忆。

其次，对初中生的心理特征进行分析。初中生具有强烈的求知欲和探索精神，思维的独立性和批判性显著发展。他们不满足于简单的说教和现成的结论，但由于还不成熟，容易固执和偏激。基于这些心理特征，在设计课程的时候，就要多关注学生，走到学生身边，倾听学生的声音，平时注重与学生的情感沟通，研究他们对哪些方面感兴趣，对教师什么样的教学方式和语言感兴趣。这些应该是提高我们信息技术课堂教学实效性的前提。学生学得有趣，才有积极性，才能主动地参与学习，才会变成学习的主体，从而达到更好的教学效果。结合本课，我想，如果用教材中的"身高体重"表格，也许不会充分调动学生的学习兴趣。因此，我采用了以"旅游"表格为案例和切入点,利用热情洋溢的语言,创设情境,导入本课。

最后,要钻研教材,创新使用教材。教材是我们教学的依据和导向,但我们在实际教学中,没有必要完全依赖教材。信息技术的教材内容都很简洁,这就需要教师深入发掘教材,具备处理教材的能力。"灵活自如用表格——处理表格"这节课主要介绍了表格与文本的互换,以及对表格中的数据进行排序和计算。反复研读教材,我思考着,这节课主要教给学生什么内容?学生会学到什么?他们会认为所学的知识有用吗?会应用到实际生活中吗?从知识系统的连贯性以及从本节课的知识体系上来讲,"表格与文本的互换"相关知识与"对表格中的数据进行排序和计算"的关联并不大,并且学生在实际应用中也并不多,再加上知识难易程度的考虑,我决定把"表格与文本的互换"的相关知识从本节课堂教学当中去除,作为学生课外自学的内容。这节课的课堂教学,就是进行表格数据的排序和计算,反复讲练,讲精讲深,对学生进行强化训练,让学生真正做到学一样、会一样、用一样。

在学生分析和教材分析之后,我制定的三维教学目标如下:

知识技能:学会对表格中的数据排序;学会利用"公式"中的 SUM 和 AVERAGE 函数进行表格中的数据计算。

过程方法:通过任务驱动、学案教学和案例、自主探究等方法,提高学生应用信息技术解决实际问题、观察思考、分组合作、归纳总结的能力。

情感、态度与价值观:培养学生信息加工和信息处理的意识,增强学生的环保意识。

教学重点与难点:对表格中的数据进行排序和计算。

突破教学重难点环节:通过案例教学和学习评价来完成表格中数据的计算与排序。

二、制定有效的教学策略

制定了教学目标之后,我又思考该如何有效地达成我的教学目标。在实际教学过程中,采用哪些策略和方法会提高课堂教学的有效性。"灵活自如用表格——处理表格"这节课的内容较为平淡和枯燥。该怎样于平淡中出新意,抓住学生的兴趣心理,激发他们的学习兴趣呢?思前想后,我决定从以下几方面入手：

（一）创设有效的教学情境

我认为，信息技术课程的教学情境在整个课堂都要贯穿，并且所引用的案例，都是从身边入手，跟生活实际紧密相连。只有这样，才能大大提高学生的学习兴趣，让他们学会用信息技术解决生活中遇到的问题。在本节课备课阶段，恰逢临近"五一"假期，三天假期足够学生做一次短期旅行。经过对比思考，在导入环节，我决定采用如下的方式：首先，出示PPT，介绍一些旅游景点，以抚顺周边旅游景点为主。然后，以表格的形式出示旅游方案，提出问题："同学们能马上说出哪个方案所花费的费用最多吗？花费排在第二位和第三位的呢？同学们可能会觉得有难度，但老师却可以又快又准地判断出来。"这样导入的目的，其一是以图文并茂的形式介绍家乡周边的旅游景点，与家乡文化相结合，既贴近学生的生活，迎合学生的喜好，又培养了学生爱家乡的主人翁意识，创设有效的情感情境。其二是通过竞赛的形式让学生产生竞争的意识。"为什么老师可以在最短的时间内得出答案，而我却不行？"借助这样的意识与问题，让学生主动学习，成为学习的主体，从而引起学生学习本节课的兴趣，引入内容。在讲授新知环节，继续以旅游方案为例，从花费费用方面入手，讲授对表格数据进行排序的方法，对表格数据应用公式计算的方法。在这里，我并没有采用教材当中的例子，而是把旅游方案贯穿于讲授新知的始终。我觉得，从生活实际入手，可以让学生更加懂得信息技术并不是一门抽象枯燥的课程，它和我们的生活是紧密相连的，并且在生活中处处都会应用到信息技术。在实践评价阶段，告诉学生，生活中处处都有信息技术的存在。这时，依然采用身边的实例，让学生打开电脑中的"压岁钱花费统计表"，根据本节课所讲授的内容，完成表格。

（二）采用多种教学方法，让学生在自主中学习

在备课的时候，我经常把自己想作"导演"，心中时刻想着学生，让学生充分发挥学习过程中的主体性和主动性。因此，在做本节课课程设计的时候，我确定采用以下几种方法：

1. 自主探究法

在本课的讲授新知阶段，我一上来就抛出一系列根据旅游方案设计出

来的问题。1.按所示表格中旅游所需费用由多到少排列,哪个方案所需费用最多?第二位和第三位呢?由少到多又是怎样的呢? 2.如果把小组内的七名同学各派去执行一个旅游方案,总体费用是多少?平均每个同学的费用是多少?让学生带着问题去自主探究,自行体会找到对数据进行排序和计算的方法,培养他们自己动手解决问题的能力。把能力训练真正摆在首要位置,使知识在能力训练中真正得到落实,使学生真正学会学习,养成良好的学习习惯。

2. 任务驱动法

其实,上述一系列问题就是一种任务驱动,让学生以完成任务为目标,通过自己的探索,进行完成任务的实践。通过任务驱动法,可以锻炼学生的自主学习和独立思考的能力。

3. 演示操作法

这种方法直观形象,而且示范的主体不一定是教师,可以让做得较快、较好的学生来做示范。在布置完一系列的任务,经过学生一段时间的自主探究后,让操作好的学生进行演示操作,讲述自己找到的对数据处理的方法。

对表格中数据排序的方法包括:

第一步:选定要排序的表格。

第二步:单击菜单中的【表格】,选择【排序】选项,弹出【排序】对话框。

第三步:在"主要关键字"的下拉列表中,选择要排序的列。然后,选择"类型"下拉列表中合适的类型(如数字),再选定"列表"下的"有标题行"。选定"有标题行",则"主要关键字"框内显示第六列的标题(如所需费用)。

第四步:设定排序方式为"升序/降序"。单击【确定】按钮,则表格内容重新排列。

在学生进行演示操作的过程中,我不进行指导,就让他们按照自己的方法做。如果出错了,还可以针对错误做典型分析。这样做,既可以从心理上激励其他学生的学习兴趣,充分发挥他们的主观能动性,还可以加深他们对知识的记忆。

4. 案例教学法

本节课为学生提供了抚顺周边游的旅游方案,让学生对表格进行填写及数据的排序与计算。数据的排序和计算,从操作步骤上看,就是简单的四步走:第一步选定单元格;第二步选择【表格菜单】里的【排序】或【公式】选项;第三步进行具体设置;第四步确定。但是,深究起来,里面的学问就非常多了,每个选项卡里的选项该如何选择?我们在对包含有文字的数据排序时,"数据类型"这个选项应该选择什么?因此,我特意准备了错误案例供学生思考探索。一种是表格标题行都处在表格最下方的案例,一种是按照规定排序后表格排序显示结果不正确的案例。这样运用身边和实际操作中发生的事例都可以激发学生学习兴趣,说明道理,给学生的行为以启发。

5.小组合作学习法

在学生自主探究的时候,可以让掌握快的学生帮助组内的其他学生。在对照学案第3页,综合各种因素,你会选择哪一种方案并且说出理由?对这一问题进行探讨的时候,我也采用了小组合作学习法。这样做的目的是锻炼学生利用信息技术解决实际问题的能力,培养学生小组协作能力,激发学生热爱家乡情感的抒发。

6.学案教学法

学案教学法是以学案为依托,极力倡导以学生为主体,着眼点和侧重点在于学生的学,把教学目标转换为学习目标。我经过课前精心准备,综合考虑多方面因素,本着把问题都反映到学案中的想法,在学案中体现的学习活动如下:

学习活动:我们去旅游

方案名称	交通工具	出发时间	行程天数	活动项目个数	所需费用(元)
方案1	客车	5:30	3	6	468
方案2	客车	7:30	2	7	248
方案3	自驾	2:00	2	3	1500
方案4	自驾	8:00	1	2	480
方案5	公交车	8:00	1	1	115
方案6	公交车	9:00	1	3	3
方案7	客车、飞机	5:00	3	3	1800

1. 按照所需费用由多到少排列,哪个方案所需费用最多?第二位和第三位呢?由少到多又是怎样的呢?

2. 如果把小组内的七名同学各派去执行一个旅游方案,总共需要花费多少?每个同学平均花费是多少?

3. 现在,全球都在倡导"低碳生活,绿色环保"。从这一角度考虑,你不会选择哪个方案出行?

4. 小组合作讨论。综合各种因素,你会选择哪一种或哪几种组合方案?为什么?

实践评价:压岁钱花费统计表

姓 名	学习用品	食品饮料	娱乐消费	交通费	总 计	饮食习惯	娱 乐
张小强	60	10	20	10			
王 明	88	50	30	10			
刘 影	150	0	45	5			
程浩洋	0	200	220	80			
管庆泽	30	70	80	0			
钟 鸣	10	100	92	15			
姚易非	180	10	0	20			
陈美伊	85	40	50	10			
东方汐	65	30	75	10			
纪红锦	70	60	56	15			
合 计							

1. 请你对各个同学的压岁钱做个统计,将"总计"和"合计"数据填入表格。

2. 请你判断一下哪位同学喜欢吃零食,进而对其饮食习惯做出"好"或"不好"的结论。(注:大于40元的属于饮食习惯不好的)

3. 请计算一下表中所有同学在"娱乐消费"项目中,平均消费 _____ ,

分析哪个同学花费最多？_____。(说一下你是怎么算出来的)同时，对娱乐状况做出标记。(注：大于50元属于超出，小于50元属于正常)

三、因材施教，任务设置注意梯度

信息技术和其他学科相比，既有学科共性，又有自己的特性。信息技术是一种操作性极强的学科，学生之间的基础差异较大。如果任务设置得过于简单，就会造成一些学生"吃不饱"，任务设置得复杂，又会导致一些学生跟不上。因此，我设置了一系列不同梯度的问题，让不同能力的学生都会在实践练习中找到答案，满足他们的求知欲。根据学生的情况，在实践评价阶段，我分别设置了三个问题。这样做的目的就是为了满足不同学生的需要。如果是学习能力强的学生，三个问题都会完成；如果只掌握了数据的排序方法或者是数据计算方法的学生，也会至少完成其中的一个问题。这样一来，就能让每个学生都有满足感和成功感。

四、开展多元评价，实施"以评促学"

如何进行教学评价，是信息技术教师在备课过程中一定要考虑的问题。教学评价的及时有效，有助于学生认识自我、建立自信，有助于教师改进教学。

教育家第斯多惠说："教学艺术的本质不在于传授本领，而在于唤醒、激励和鼓舞。"富有感染力的评价可营造宽松、和谐、民主的教学氛围，产生激励性的效果。新课程倡导开展师生互评、生生互评、学生自评相结合的评价方式，以"评"促"学"，使每一位学生都能热情饱满地投入到学习之中。在信息技术课堂教学过程中，针对不同程度的学生区别对待，实施多元积极的评价，能提高课堂的实效性，提升学生的学习效能，培养学生良好的信息素养。

(一)树立榜样，激进乐学

在本节课学生自主探究的时间里，我一边巡视，一边不时地表扬学生，对不同程度的学生进行不同要求的表扬和鼓励，并做适当点拨。

自主探究五分钟后：

教师：哪些同学能够勇敢地上来给大家示范一下？(要求学生边说边做)

教师：你能选择正确的方式来解决学习过程中的问题，你做得真棒！

教师：还有谁愿意上来展示自己的学习成果呢？

教师利用激励榜样，给予学生积极的期望和鼓励，师生相处的心理气氛融洽，学生的心理就会更健康地发展。学生有了积极学习的心态和动力，就能产生良好的教育教学效果。

(二)评价及时，解决问题

我认为，不能把激励评价用到极端。对于学生的错误，不能敷衍了事。作为教师，我们对学生的练习应进行及时点评，一定要正确处理学生出现的错误，一定要引导学生大胆发表自己的见解，然后才能作出相应的评价。对那些有错误，但又蕴含创新思维的想法，在指出不足的同时，再给予鼓励。只有这样，学生的学习热情和创新能力才能得到较好的发展。

(三)尝试互评，发现亮点，激发热情

学生是学习的主体，教师应充分激发学生学习的热情，调动学生的学习积极性，让所有的学生参与评价，通过评价互相促进。学生评价学生，能有效地激发学生的学习热情，营造比、学、赶、帮的学习氛围。学生互评时，我要求他们要做到公平、公正，学习他人的长处和优点。在本课中，有一部分是这样设计的：

1. 组织学生看看其他同学的"压岁钱花费统计表"，学习他人的经验长处。
2. 自评：请学生上来展示自己的完成结果。
3. 学生互评：说说他完成的情况怎么样。

(四)注重评价语言

教师在评价的时候，要注意语言的选择。美国心理学家詹姆士说："人最本质的需要是被肯定。"在信息技术学科，同一个问题的操作方法不是唯一的，学生的选择也可以是多种多样的。因此，我们在评价的时候，避免使用单纯的否定的语言和片面的语言，要避免厚此薄彼，主要以激励和赞美的语言为主。例如："你考虑得真全面，并且能结合自己的生活实际情况来安排旅游方案，你真棒！""你能根据自己热爱祖国的情感来选择旅游方案，老师真为你骄傲！""你能勇敢地代表小组来表述，并且语言表达得很到位！"

总之，在备课的时候，要处处以学生为中心，让学生真正成为学习的主体。多发掘生活当中的实例，做到信息技术和实际紧密相连，让学生在生活中能够灵活应用。注重培养学生的信息技术能力，为他们在信息技术高速发展的社会奠定坚实的基础。

附：教学设计

教学内容：

辽宁师范大学出版七年级下册第二单元第二课"灵活自如用表格——处理表格"。

教学目标：

知识与技能：学会对表格中的数据排序；学会利用"公式"中的 SUM 和 AVERAGE 函数进行表格中的数据计算。

过程与方法：通过任务驱动、自主探究、演示法和学案教学法等，提高学生应用信息技术解决实际问题的能力，提高观察思考、分组合作和归纳总结的能力。

情感、态度与价值观：培养学生应用信息技术解决实际问题的能力；增强团结协作精神和环保意识。

教学重难点：掌握表格数据的排序与计算。

突破重难点的方法及教学环节：通过案例教学和学习评价，来完成表格中数据的计算与排序。

教学过程

一、新课导入

1. 同学们，"五一"假期就要到了，你们想做个短期旅行吗？出示旅游景点图片。

2. 老师去旅行社询问，得到了如下一份报价单。同学们能根据这个报价单马上说出哪个方案所花费的费用最多吗？花费排在第二位和第三位的呢？（报价单略）

3. 老师能又快又准地回答出问题，同学们想知道我是如何做到的吗？我们知道 excel 可以进行数据的处理，其实 word 也可以。这节课，我们就来学习一下，如何对 word 表格当中的数据进行特殊的处理，包括排序和计算。

二、讲授新知

实践探究：

活动一：按学案所示表格中旅游所需费用由多到少排列，哪个方案所需费用最多？第二位和第三位呢？由少到多又是怎样的呢？

活动二：如果把小组内的七名同学各派去执行一个旅游方案，总体费用是多少？平均每个同学的费用是多少？

学生演示操作表格中数据排序的方法：

(1) 选定要排序的表格。

(2) 单击菜单中的【表格】，选择【排序】选项，弹出【排序】对话框。

(3) 在"主要关键字"下拉列表中，选择要排序的列。然后，选择"类型"下拉列表中合适的类型(如数字)，再选定"列表"下的"有标题行"。选定"有标题行"，则"主要关键字"框内显示第六列的标题(如所需费用)。

(4) 设定排序方式为"升序/降序"。单击【确定】按钮，则表格内容重新排列。

(在此过程中，如果演示操作的学生出现错误，可以让其他学生纠正指导，教师视具体情况而定)

教师出示典型案例：

方案名称	交通工具	出发时间	行程天数	活动项目个数	所需费用(元)
方案5	公交车	8:00	1	1	115
方案3	自驾	2:00	2	3	1500
方案7	客车、飞机	5:00	3	3	1800
方案2	客车	7:30	2	7	248
方案6	公交车	9:00	1	3	3
方案1	客车	5:30	3	6	468
方案4	自驾	8:00	1	2	480

1. 同学们谁能解答一下，出现这种情况是什么原因造成的？

2. 老师已经按照所需费用由少到多排序，可为什么得出的结果却不对呢？

此时，由教师和学生一起分析出问题的原因，并寻找解决办法。教师演示操作，再一次重点强调数据排序时需要注意"排序"对话框中各个选项的设置。特别是"列表"下面的单选项，我们要选择"有标题行"；在对排序的关键字"类型"进行设置时，也要根据具体情况具体分析。

计算表格中的数据：

点开表格菜单下的公式命令，公式（F）：=函数（方向单词）。

SUM（above）是求放结果单元格上边的数据之和。

AVERAGE（above）是求放结果单元格上边的数据平均值。

同理，SUM（left）是求放结果单元格左边的数据之和。

AVERAGE（left）是求放结果单元格左边的数据平均值。

活动三：现在，全球都在倡导"低碳生活，绿色环保"。从这一角度考虑，你不会选择哪个方案出行？

教师讲解"低碳生活，绿色环保"的意思，渗透学生的环保意识。

活动四：小组合作讨论。综合各种因素，你会选择哪一种或哪几种组合方案？为什么？

教师：同学们都能根据自己的需要，选择切实可行的旅游方案，并且能够勇敢地表达出来，很值得鼓励！

三、实践评价

教师提示学生打开"我的电脑"D盘中的"压岁钱花费统计表"。

教师请学生根据刚才所学过的内容，完成表格。

1. 请你对各个同学的压岁钱做个统计，将"总计"和"合计"数据填入表格。

2. 请你判断一下哪位同学喜欢吃零食，进而对其饮食习惯做出"好"或"不好"的结论。（注：大于40元的属于饮食习惯不好的）

3. 请计算一下表中所有同学在"娱乐消费"项目中，平均消费_____；分析哪个同学花得最多？_____。（说一下你是怎么算出来的）同时，对娱乐状况做出标记。（注：大于50元属于超出，小于50元属于正常）

教师在此期间进行巡视指导，鼓励小组同学之间互相帮助，以点带面。

四、学习评价与总结

学生展示自己的学习成果，教师组织开展评价，并且提出如下问题：

1. 你能利用所学知识顺利完成表格的处理吗?
2. 在应用表格的计算功能时,除了书中内容,你还有什么新的发现?
3. 在进行学习活动中,你对小组的其他成员有所帮助吗?你们之间的合作是否愉快?
4. 你是如何处理在进行学习活动的过程中遇到的困难的?

【评析】 钱蕾老师这节课的设计以"处理表格数据"为主线,贯穿于每一个教学内容和环节。教学案例旁征博引,贴近生活,既有"我们去旅游",又有"压岁钱花费统计"。通过"看、动、学、赏、创"的实践创造活动,使信息技术感知隐隐成线、信息技术能力环环相联、信息意识绵绵发展、信息素养徐徐上升。教师积极倡导自主探究的学习形式,引领学生积极主动地参与表现,从而完成本节课的教学目标。教学中,教师给学生留有充分练习、寻找答案的过程,在教学中时刻关注学生的信息技术能力。

本节课的主旨就是让学生学会应用word进行表格数据的排序和计算。钱蕾老师在备课过程中考虑得既周到又细致,能够大胆放手让学生去尝试,通过设置的四个活动让学生自主探究学习。学生的创造力是无穷的。有时,很多方法教师也不知道,学生却想出来了。教师适时从学生中寻找电脑小能手,通过学生的演示来突破教学环节,既解决了问题,又给优秀学生以展示的机会,给这些学生对信息技术的探索注入强劲的推动剂。通过一系列的教学活动设计,这节课的教学目标将会完成得很好。首先,在学习角度上,学生通过学习,能准确地进行表格数据处理的操作,体会信息技术带给他们的惊喜。同时,学生的创造、表现能力以及同学之间的合作意识和互助精神也得到了体现。其次,在情感、态度与价值观上,能够从实际生活出发,培养学生的信息技术能力,提高学生的信息素养。教师在准备这节课时,确实下了很大一番工夫。

本课采用了自主探究法、任务驱动法、演示操作法、案例教学法、小组合作学习法、学案教学法等多种教学方法,做到真正关注学生,调动学生积极参与,将会把学生带进信息技术的世界,全身心地投入到课程中去,潜移默化地提高自己的信息能力与信息素养! (赵春芝)

案例十二 突出学科特点 抓住问题关键
——怎样优化设计一节科学课

矫 健

小学科学课是新课程改革后由小学自然学科延伸而来的，随着课改的深入，科学课堂的教法有了新的模式——提出探究问题，学生通过观察、资料搜集、探究设计、实验操作、逻辑推理等多种方法得出科学概念。对于教师而言，课程是新的、教材是新的、教学理念是新的。可以说，教师和学生站在同一起跑线上。

那么，在课堂上如何让学生既充分理解探究问题的要点，又能正确使用观察、实验操作等方法最终得到一个正确的科学概念完成教学呢？通过几年来的实践教学，我认为，能让教师在课堂上的四十分钟里实现有效教学，能够充分驾驭课堂的唯一方法就是在备课上下工夫。

科学学科的特点是融汇了生物、化学、物理、天文等多种自然科学。课堂上，不仅要让学生产生兴趣和好奇，更重要的是为他们打开一扇通往科学探究的大门，培养孩子的科学素养。如果再从对应现在的教育形式来看，科学同样是有助中小学衔接过渡的重要科目，即为日后中学学习相应科目和实验操作能力储备知识。所以，对于一名科学教师来说，备课并不仅仅是简单地写好一份教案而已。下面，以北师大版《科学》五年级下册力单元第五课"运动与摩擦力"的备课过程为例，来谈谈怎样有效备好一节科学课。

首先，教师要对这节课所要传授的科学知识进行解剖——让学生看到知识的"表皮"、掌握知识的"骨架"，并以浓厚的兴趣自主探究知识的"内涵"。

布鲁纳曾经指出："最好的学习动机是学生对研究的东西有着内在的兴趣。"学生一旦对所学知识产生兴趣，就会产生愉悦的情绪，从而集中注意力积极思维。"运动与摩擦力"的知识源自物理方面的力学，作为这类知识，它的"表皮"是学生在生活中有关于运动时摩擦力的体验和对摩擦力产生现象的观察。它没有动植物知识的"美丽外衣"，也没有电磁知识"魔术般的惊异"，所以，要让学生感兴趣并认识它，只能从学生的经验入手："这样的感觉我也有！""原来这是摩擦力造成的啊！""摩擦力这么多用处啊！"……那么，教学的第一部分可以设计为：观察、体验、认识物体运动与摩擦力关系。

摩擦力知识的"骨架"应当是：摩擦力的产生、影响摩擦力大小的因素、摩擦力的应用。第五课时，学生要掌握的就是前两点。关于影响摩擦力大小的因素，教材中只要求掌握与物体间接触面光滑程度和物体重量大小的关系。围绕知识的"骨架"，备课中教师要设计探究活动，引导学生"提出猜想——设计方案——交流展示——实验验证"的探究过程找到知识点，得出结论。部分教师对此类知识的掌握是有限的，"要想给学生一杯水，教师就要有一桶水"。当学生提出猜想时，你是否已经判断了实验结果？当学生提出质疑时，你是否可以给出权威的解答？充分的知识储备可以使你在知识的传授中游刃有余。

掌握了探究知识的方法，学生就可以带着浓厚的兴趣对摩擦力方面的"知识内涵"进行自主的、更深入的探究：除了接触面的光滑程度和物体重量，还有哪些因素会影响摩擦力的大小？摩擦力的研究对人类有什么帮助？没有摩擦力会是什么样？……

当然，人是有差异的，学生就更有差异。教师没必要让所有学生都对这样的知识感兴趣，更没必要"要求"所有学生都去"自主"探究。对于知识的传授者而言，教师的作用应该是激发大部分学生的兴趣、指导有兴趣的学生学会探究，这也是教师备课的主旨。

一节课备得好不好，就要看你激发了多少学生的兴趣、学生对知识探究的方法掌握有多灵活，还有一方面就是对课堂教学可能发生的各种情况的预设。比如，备课时预设的问题学生不理解或误解；搜集的资料不充分致使学生对探究问题产生诸多假设；实验器材准备不齐或者操作有误差得不出准确数据……这些都是因为备课时预设错误或某个方面不完善而导致拖沓、延时甚至完不成教学任务。那么，在短暂的课堂上很好地完成上面三方面，就是一节高效的课。也就是说，这堂课的备课是有效的，有效的备课是有效实施课堂教学的基础。由于科学学科的独特性，备好一节科学课关键在于以下四

个方面:

一、备教材——尊重教材，超越教材，开发课程资源

根据课程标准编写出来的新教材确实比老教材有很大的创新和改观，但还有很多不完善的地方。如我们小学的科学课的教材呈现方式非常简单，几幅彩图就是本课的教学内容，更注意直观表象的东西，而且没有答案，翻开一看没有什么可讲的！两三页的内容别说40分钟，10分钟就结束了，怎么上？我们必须尊重教材，深入挖掘教材中的隐性资源，但不要受到教材的局限。这就需要我们在备课时必须动脑筋，需要搜集资料，创造性地使用教材。

首先，要看教参。一定要细读，必须把握好教学的目的、重难点，以及教材上每个环节的用意。最典型的苏教版《科学》四年级有一个单元都是养蚕的活动，蚕卵要在20摄氏度以上环境下才能孵化，幼虫吃桑叶，我们北方地区上这类课有一定的困难。那就要思考用不用、可不可以删减？不能删减又如何替代？就像实验课，有些实验效果不明显、有些材料不易找到，教材中有些活动学生操作起来可能有出入。例如，五年级测浮力的活动按教材中的方法或者测不出来，或者误差比较大。备课的时候就应考虑周全，如何替代、如何改进实验材料，以达到课堂效果的最佳化。

其次，要看与课程知识相关的资料。课程知识点有关的哪些可用，可以填充到课程里，丰富课堂内容。学生对哪个方面知识感兴趣，可作为课外延伸增加学生知识储备，提高这节课的知识含量。比如，六年级学习使用放大镜，放大镜是凸透镜。对于凸透镜成像的原理，焦点、焦距的关系，中学时才会详细学习。备课时，不要只停留在教材中提到的放大作用，还有会聚光线的作用，让学生在课堂上动手操作，自己发现放大镜在合适距离内能出现清晰放大的像。同时，还知道放大镜并不是任何时候都会放大，超过一定距离会看到倒立缩小的像。

最后，再看两篇现成的教学设计。人家是怎么设计环节的，我又是如何设计的，哪些环节精彩可以参考……既知道别人如何上这节课，又拓宽思路，知道自己该怎么上这节课了，教学思路也就十分清晰明了了。

附件 1

教学内容：运动与摩擦力

科学概念：

● 一个物体在另一个物体表面运动时，接触面发生摩擦，会产生摩擦力。

● 摩擦力的大小与物体间接触面的光滑程度有关：表面越光滑，摩擦力越小；表面越粗糙，摩擦力越大。

● 摩擦力的大小与物体的重量有关：物体越重，摩擦力越大；物体越轻，摩擦力越小。

过程与方法：

● 测量摩擦力的大小。

● 推测、设计实验，检测摩擦力与接触面和重量的关系。

● 做摩擦力大小的对比实验。

情感、态度与价值观：

● 形成认真实验、根据数据得出结论的科学精神。

教学过程

一、导入新课：出示一些图片、现象，让学生观察，引出摩擦力。

二、第一部分：物体运动与摩擦力

1. 出示摩擦力概念

2. 感受摩擦力

3. 测量摩擦力

三、第二部分：摩擦力大小与什么因素有关

1. 对比实验中控制的条件：变量、不变量

2. 实验验证：摩擦力大小与接触面和物体重量的关系

3. 补充其他因素

四、延伸

1. 摩擦力是带来方便还是麻烦呢？

2. 没有摩擦力会怎么样？

教过这册教材的教师就会发现，我在教学此课的设计从第三大点开始就对教材和教参进行了改动。教材上测量摩擦力以后，直接就进入对比实验"摩擦力大小与接触面光滑程度的关系"、"摩擦力大小与物体重量的关系"，不提及其他因素。我认为，这在知识上没有给学生一个探究的空间，把学生的思维圈在这两点上。课改以后，一直提倡学生发散思维的培养。我让学生自己提出假设："摩擦力大小与哪些因素有关？"然后，展开探究，大胆假设的过程也是引导学生将前概念与科学概念建立联系的过程。重点仍然是这两个实验，简单补充其他因素的内容使摩擦力的知识得到延伸。另外，教材在这节课后有关于摩擦力应用的课程，我把它设计成两个问题，让学生带着问题走出课堂，带着兴趣走进生活，使课程得到延伸。

这种设计上的改动是个人教学设计的精华，是教师对教材的再加工。一节课的设计没有教师自己的东西，就不能称其为好课。

二、备学生——关注学生知识背景、生活背景

要提高课堂有效性，除了备课时将教学环节设计合理，很重要的一方面就是备学生。有时，自己的设计环节很精彩。但一到课堂检验，就不那么顺手了。对于教师提出的问题，学生不理解。有时也考虑了学生的年龄结构、知识掌握情况，但对学生已有的科学知识了解不到位，对课堂上可能出现的问题估计不足，导致"启而不发"而出现尴尬局面。

五年级的学生对事物的认识具有形象性的特点，但文字表达及抽象理解能力较差。"运动与摩擦力"是北师大版小学《科学》五年级上册第四单元"运动和力"的第五课。本单元属于力学知识板块，学生初次学习，但对"力"已有初步的感受。此前，学生已经掌握用弹簧秤测力大小的实验。所以，在测量摩擦力的时候，使用弹簧秤是没有困难的。在科学探究方面，五年级学生已掌握了一定的过程与方法技能，本课将引导学生经历更为完整的探究过程。对于运动和摩擦力，他们感性知识比较丰富，也认识了拉力、重力、反冲力、弹力等力的知识，积累了丰富的生活经验。我的学生是北方城市里的孩子，他们对冰、对汽车都有认知。在备课时，找此类知识，就为本节课的开展提供了很好的学习基础。不能单一局限于学生的原有知识，应该添加他们能接受却不熟悉的内容拓展学生的知识储备，如摩

擦力在竞技体育中的应用。同时，使学生将科学与生活更好地联系起来，运用科学于生活。这对学生的生活、学习、科学素养的形成都具有重大的意义。

三、备过程——重探究，精心设计教学环节

科学课程在培养小学生科学素养的时候，重点不在于科学知识体系的传授，而在于通过引导学生亲身经历科学探究的过程，激发学生对科学的兴趣，形成科学的态度和科学探究的能力。"工欲善其事，必先利其器"，"磨刀不误砍柴工"。在科学教学的实践过程中，关注动手前的动脑，让学生"想好了再做"，是让学生形成科学态度和科学探究能力的关键。科学学科教学探究过程比结果更重要。我们在备课时，必须精心设计教学环节，环环相扣，让学生带着兴趣来，带着新问题走入课下再进行研究。

（一）导入

一节好课要有个闪亮的登场！一出场就要抓住你的观众，这很重要。现代科技真好！有了多媒体方便多了，几个漂亮的图片，或者出示一段视频，这是我惯用的方法。当然，有一些水平高的教师设计一个情境、搞点煽情的活动，那就是个人风格了。就拿上面这节"运动与摩擦力"的课来说，我选择了一段家庭、动物的幽默视频，出示各类滑稽镜头，既跟课程内容有关，又使整个课堂气氛在一片笑声中轻松地开场。

（二）设疑

教师提出的问题必须有明确的指向性，言简意赅。往往一个简单的问题，过高或过低地估计学生。还有教师提出的问题含糊不清，那就不能怪学生"跑偏了"。

以"摩擦力"的课为例：导入的时候，我出示了一个新轮胎纹理清晰，另一个旧轮胎纹理严重磨损。然后问："你发现了什么？"学生答："一个新的，一个旧的。"我追问："你怎么看出来的啊？"学生答："旧的有泥。"

我问学生："冬天下雪了路滑，汽车为了防滑，会怎么办？"学生答："地上撒盐。"立刻有学生跟进："撒炉灰。"其实，我想得到的答案是："在轮胎上戴防滑链。"

学生通过实验总结得出："摩擦力大小与物体重量有关，物体重摩擦力

大、物体轻摩擦力小。"简单问:"通过实验,你发现什么了?"学生回答不上来。再问:"通过实验,你发现摩擦力大小与物体重量有没有关系啊?"学生答:"有关系。"只说出一半,还要追问:"有什么关系?"可能又跑偏。怎么能让他们一次做出完整回答呢?在备课的时候,我重新设置了这个问题:"通过实验,你观察数据后,发现摩擦力大小与物体重量有什么关系?"ok!学生终于知道看实验记录的数是有规律的,我得到了完美的回答。

(三)实验过程

科学课堂是以实验为主,小学又以观察实验、对比实验为主,以学生动手为主,以教师指导为辅,实验过程比结论更重要。

影响摩擦力大小的实验是一个对比实验,对比实验的要点是让学生掌握变与不变的条件控制。当学生推测出多种影响摩擦力大小的因素时,就要让他们自己找出设计这样的对比实验哪些是变量、哪些不能变。这种实验在学生未来的学习工作中都有很大应用,所以,不应局限在实验器材、步骤、结果等单一的教学中。重点在于备课的时候理解对比实验的使用在学生探究技能中的作用。教师在备实验活动的时候,需要预设各种情况。关于这一点,在本文中已有多处说明,这里不做详解。

(四)检测

科学课注重的是用所学知识来解释生活中的现象和问题。例如,学习摩擦力的知识:汽车的轮胎可以影响刹车距离减少车祸;冰面上的运动;运动员使用的滑石粉;运动器械……检测学生对科学知识的理解、应用是否灵活,作用就像数学课上讲完例题学生要做练习、语文课上讲完词语学生要造句一样。

(五)课后延伸

一节科学课上完后,并不是到此终结。教师要提出一些切实可行的问题,让学生课后继续研究。例如,摩擦力给我们带来的是方便还是麻烦?没有摩擦力行不行?学生会带着兴趣和问题继续研究,让知识从生活走进课堂,再由课堂走进生活,符合我们的课标精神。

(六)课件

科学课上有很多知识和现象是需要学生亲眼观察的,如生物的生长发育、人体肌肉的运动、恒星的形成……在备课时，将精彩的图片或动态的视频装载进多媒体课件里，恰到好处地出示，就可以达到事半功倍的效果。在《运动与摩擦力》这节课里，出示摩擦力现象的图片、视频，使整个知识的传授过程更加直观，学生更加印象深刻。

(七)板书设计

初用多媒体的时候，往往忽略了板书的重要。但在每节课的尾声，回顾全课内容的时候，却发现动态的多媒体不能让你翻回去一个一个再放一次。板书是全课的精华，也是让学生留下深刻印象的知识点。板书设计得新颖、直观、重点突出，也能提高课堂的有效性。

四、备教具——细致周到，有备无患

在全国小学科学教师课例研讨活动中，一位很优秀的科学教师在新教材试用初期上一节研讨课，认识"摆"。她用实验验证控制条件，可以控制摆的速度，希望学生通过实验达到一分钟摆动60次。课堂上，60多名学生反复实验，摆动58次、59次、61次的学生占到大多数，实验结果不能验证科学概念。课后，教材编写组的专家问她："没有得到正确的结果，学生得不出正确的结论怎么办？"她回答："下节课再做。"对这个问题，专家和听课教师展开了讨论。最后，一位久居一线的资深教师提到："像这样的课，教师在备课的时候就要反复实验，把学生实验用的教具设定好，这样就不会产生学生自己控制材料时的误差了。"之所以会产生这样的结果，是因为教师在课前备课时对教具忽略了。教师必须在课前对每个教具亲自调试好，才能在实验课上得心应手。

在"运动与摩擦力"一课中，学生测量摩擦力时，需要一个放重物能拖动的小盒子。如果学生自己准备，材料、大小不一，会影响测量结果。我就自己动手，直接准备好，在测量时发给学生使用。需要匀速拖动弹簧测力计，手肘不能触摸接触面。根据这一要求，学生完成有困难。所以，我在操作之前设计了演示环节。演示后，学生就明白测量的时候应该怎么做了。

也就是说，在备课的时候准备教具不仅要材料充分，无论是演示实验还是学生的分组实验，都要操作一下。例如，影响摩擦力大小的对比实验中测量出的摩擦力是多少，误差有多少。教师在备课时，要提前控制。课堂上学生操作的结果出入较大时，就可以发现教具中的问题和操作中可能发生的问题，做到心中有数，不断改进。这样一来，既充分发挥了教具的作用，更达到了课堂的有效性。

在我看来，作为一名科学教师，必须跟上现代技术的飞速发展，不断地学习、积累、更新知识储备。同时，要随时观察身边的现象，掌握学生的生活经验。一节成功的科学课受到很多因素的影响，不管是课前、课上还是课后，你所有的教学设计、课堂经验、教学反思都是为下一节备课。台上一分钟，台下十年功。短短一节课的精彩，是要用一生来准备的。

附：教学设计

教学内容： 运动与摩擦力

科学概念：

- 一个物体在另一个物体表面运动时，接触面发生摩擦，会产生摩擦力。
- 摩擦力的大小与物体间接触面的光滑程度有关：表面越光滑，摩擦力越小；表面越粗糙，摩擦力越大。
- 摩擦力的大小与物体的重量有关：物体越重，摩擦力越大；物体越轻，摩擦力越小。

过程与方法：

- 测量摩擦力的大小。
- 推测、设计实验，检测摩擦力与接触面和重量的关系。
- 做摩擦力大小的对比实验。

情感、态度与价值观：

- 形成认真实验、根据数据得出结论的科学精神。

教学准备：

分组实验材料：供拉动的小物品若干、弹簧测力计、塑料盒子、50g的钩码、毛巾、砂纸、实验记录表。

多媒体课件。

教学过程

一、导入新课：认识摩擦现象

1. 今天，老师给你们带来了一段幽默的视频，请你在欢笑的同时别忘记思考："他们有什么共同点？为什么会那样？"出示视频，活跃气氛。学生回答。

2. 出示图片（同一双鞋，新鞋底和旧的时候对比）。你认为鞋底为什么会变成这样呢？

小结：地球上运动的物体都要与其他物体接触，发生摩擦，也就产生了摩擦力。（板书课题）

二、第一部分：物体运动与摩擦力

1. 出示图片（刘翔的鞋、汽车在雪地打滑）。摩擦力跟其他的力一样，可以改变物体的运动方向或形状。这是我们看到的摩擦现象，现在我们来亲身感受一下它。请你跟我一起做，说说你感觉到了什么。

2. 有一个"力"在"阻碍运动"，这就是摩擦力。（课件出示概念）

3. 还能用什么方法感受到摩擦力？（小组讨论）

4. 如何知道摩擦力的大小呢？我们可以用测量力的工具弹簧秤进行测量。

A. 回忆弹簧秤的用法（学生回答）

B. 讲解测量方法并演示，提出要求：

①缓慢用力，在物体刚刚运动时记录力的大小；

②保持测力计拉动方向与物体运动方向平行；

③手部不要与桌面接触。

C. 学生动手操作

5. 学生汇报：_____ 在 _____ 的表面运动时，产生的摩擦力是 ___ 牛顿。

现在，我们对摩擦力有了初步的认识。请你推测一下，摩擦力的大小都与什么有关呢？

三、第二部分：用实验来验证

1. 像这样的问题，你打算用什么方法来实验呢？（对比实验）

实验中要改变什么条件，怎么变；不能改变什么条件，我们怎么保持它们不变？

提出实验要求(课件):

①实验要改变什么条件,我们准备怎么改变;

②试验中不能改变什么条件,我们怎么保持它们不变;

③推测实验结果。

开始实验:进行实验教师巡视;填写记录表格并汇报(实物投影展示表格);汇报通过实验数据你得到什么结论。

2. 还与什么有关

出示课件(学生在卫生间摔倒的视频、速滑运动员和冰湖运动员的鞋),学生回答发现。

教师小结:湿度、物体材料、接触面也影响摩擦力的大小。

四、总结

1. 同学们,请想象一下,没有摩擦力会怎样?

2. 摩擦力给我们带来的是方便还是麻烦?

这就需要你平时的观察和思考,在后面的学习中我们就会研究到。

板书设计:

实验记录表格:(略)

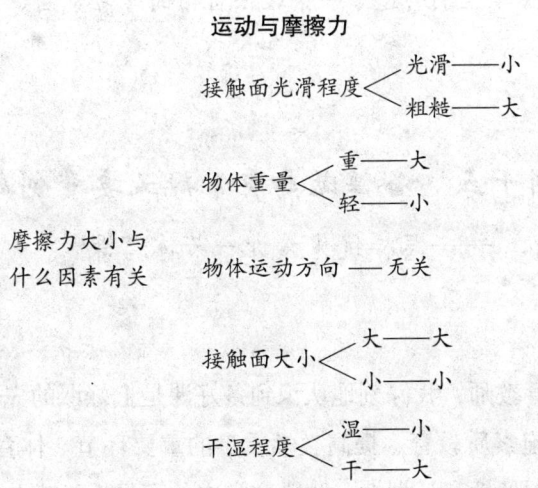

【评析】矫健老师备的"运动与摩擦力"一课,从备课全过程和教学设计,到最后的上课效果来看,每一环节都充分融入了教师的智慧,进行了精心设

置，发挥了教师全方位的能力，更体现出新课程改革后，青年教师对课程探索的巨大潜力。该课的备课内容主要有三个特色：

1. 对教材的深加工。教师对教材前部分认识摩擦力的处理，是先通过视频、图片等资料让学生对摩擦现象有直观的认识，再让学生亲身感受摩擦力的存在，后由学生列举自己的生活经验，循序渐进，尊重了学生接受理解能力的逻辑关系。在实验验证部分，教师将原来单一的两个对比实验开发成多个并列实验，而且由学生有选择地完成后再交换信息，不仅增强了学生的自主性，更培养了合作意识与资源共享的理念。

2. 对课程资源的再开发。本课对影响摩擦力大小的因素只提到了"物体重量"和"接触面光滑程度"，还有一些方面在生活中的应用也很常见。对此，教师进行了开发。搜集的资料涉及生活的方方面面，开发了课程内容，不仅促进了学生对知识的理解、认识，更拓宽了学生的视野。

3. 多媒体课件的高效应用。矫健老师对这节课课件的准备非常具有实效性，从动态视频到资料图片，直观生动地为学生搭建起科学知识的框架。在实验操作前，能用课件出示要求，不仅达到实验的目的与效果，更节省了课堂时间，充分体现了课堂的有效性。另外，伴随着轻松的音乐和 ppt 色彩明艳的图片，为学生们营造了一个轻松自由的学习氛围。这一点也很可贵。（刘岩）

案例十三　备课既要重常规又要重创新
——怎样优化设计一节体育课

郭　林

作为一名体育教师，我深刻地认识到备好课是上好课的先决条件，是贯彻课程标准、实施素质教育、提高教学质量的重要环节。体育教师备好课，对于加强教学的预见性和计划性、防止教学中的盲目性、充分发挥教师的主导性等都起到至关重要的作用。下面，就结合"原地侧向投掷"一课，谈谈自己的做法和体会。

一、研读教材——明确本课教什么

教材是教师备课及实施教学的依据,教师可对照课程标准的要求、教学进度及课时数分布情况,通读全部教材,学习体育课程标准和教材编排的顺序,做到心中有数,挖掘教材的内在联系和教材的特性,对教材的专门性、辅助性练习及分组练习仔细推敲,分析教材的内容,根据学生的实际水平制订出本课的目的、任务、教学要求、重点、难点、组织形式、练习手段、教法学法、可能出现的错误和纠正方法等。教师对教材和课程标准理解越深、越透,重点就抓得越准,难点就容易突破,学生就容易听懂、领会、练习和掌握。

(一)明确教学目标

教学目标是教师考虑的首要问题,教学中要充分体现体育教学的三维目标。例如,"原地侧向投掷"这节课,认知目标主要是通过体育教学,让学生了解投掷的基本动作方法,激发学生对体育活动的兴趣,培养正确的投掷姿势。技能掌握方面,主要是发展上肢力量和投掷能力,使学生初步学会合理的投掷动作,体会发力顺序,培养投准、投远的能力。情感方面,主要是通过投掷的教学,培养学生勇于克服困难的意志和团队合作精神,让学生在合作中获得成功的体验。只有在备课时明确具体切实可行的教学目标,课堂教学才会有的放矢,才能收到良好的效果。

(二)把握好重点、难点

备课中,教师要对教学内容分清主次,了解本课的重点是什么,难点是什么,学生不易掌握或易错的投掷动作有哪些。如果教学重点突不破、教学难点攻不下,教学就不可能达到预期的目的。"原地侧向投掷"这节课的重点是通过投掷练习,提高投掷的准确性,并使学生获得身心愉悦。这是因为,学生已具有初步的自控能力、认知能力及自学能力、探究能力。训练学生提高投掷的准确性,这对发展学生的上肢力量和投掷能力,以及使学生养成安全投掷的意识和习惯,都起着至关重要的作用。三年级小学生正处在生长发育时期,肌肉弹性差,小肌肉群比大肌肉群发育晚,他们的骨骼、肌肉发育不完善。因此,学生在练习过程中,有的转体不到位,有的蹬地不充分,有的动作不协调,有的蹬地转体不连贯。针对学生的实际和特点,我确定本节课的教学难点是动作协调、蹬转连贯。

(三)合理组织教材

教师应遵循教育规律和体育教学原则,科学安排与搭配教材内容,合理组织各部分教材。在"原地侧向投掷"基本部分教学中,教师应先从哪里入手?这对本节课的教学至关重要。根据学生的认知规律和教学原则,学生必须先学会原地正面投掷,而后再学原地侧向投掷。因此,我设计了教学过程。练习一:正面原地肩上屈肘、挥臂鞭打动作练习。这主要练习挥臂的速度,速度快要比速度慢掷得更远。道理很简单,力量会随速度的递增而递增,速度快了,力量就大了,投掷距离也就远了。当出手速度达到最高水平时,力量会被最大程度地激发,速度与力量的完美结合,就产生了高质量的爆发力。爆发力是快速力量的一种表现形式,是指张力已经开始增加的肌肉以最快的速度克服阻力的能力,而这种爆发力是投掷项目训练必须练就的一种基本素质。练习二:正面挥臂鞭打角度、速度练习。这是指在快速鞭打的同时,要注意鞭打点的角度,一般是与地平面成45度角左右。练习三:完成正面原地投掷整体动作。进行强化巩固阶段,主要是上下肢的协调用力,掌握蹬地、挥臂发力顺序,为侧向投掷的学习打下基础。如果不按照这些环节进行教学,在原地侧向投掷的练习中就会出现投掷臂后引时伸不直,投掷物易从肩侧甩出等问题。为此,教师在教学中应该由浅入深、由易到难,循序渐进地使学生逐步掌握动作技术,切不可随心所欲,盲目施教。

二、备好场地——因地制宜,注重实效

场地器材的合理布置和使用,不仅可使学生井然有序地进行练习,提高练习效果,也为学生安全练习提供了必要的保障。这是体育与健康教学过程中的一项重要内容。在备课中设计场地时,一定要根据教材特点,从学校的实际情况出发,布置场地因地制宜,注重实效。在常规备课中,改变以往的思维模式,在仔细研读教材的基础上,灵活多样地利用、规划场地,看看哪些内容可以通过变化来适应小场地。

教师备课要根据教材内容和学校场地器材的实际情况,科学安排、合理使用场地器材,灵活调整教学思路,这对上好课尤为重要。执教"原地侧向

投掷"一课，在布置场地时，针对我校场地小、班型大、存在多个班级同时上课的特点，我选择了一块篮球场地，并将场地分成三小块，由三个小组分别进行高、中、低不同高度的练习，在规定的时间内进行快速轮换，增强学生的练习密度，有效地提高了学生在不同场地的投掷能力。

三、准备器材——实用安全，为生所用

体育器材是为体育课服务的，它与课的任务是紧密联系的。从心理学的角度分析，体育器材的选择能影响学生锻炼的兴趣、情感、信心、意志和运动能力。投掷课一般采用的器材是垒球，但我考虑到授课对象是小学三年级的学生，垒球一是太普通，二是不安全。如何才能既保证学生的安全又能激发学生的学习兴趣呢？经过思考，我选择了自制器材"彩带球"。它是用废弃的报纸卷制而成的，大小如同垒球的纸球，外面缠上彩色的布条，并留出长长的尾巴。在自制器材的过程中，既锻炼了学生的动手能力，增强了学生的环保意识，又激发了学生的学习兴趣。最重要的是纸球虽然有重量，但打到身上一点也不痛，很安全，在课堂教学中非常实用。接下来，我又考虑，如何在课堂练习中增强学生的自信心，提高学生的运动能力？我又准备了多种"小动物的嘴巴"辅助器材，将彩带球作为食物，进行投准"喂食"练习，通过创设情境，教师引导，学生尝试，向不同距离的小动物进行喂食，使学生的投掷角度不断变化，充分体验不同投掷角度的挥臂动作。之后，还可以通过比赛的方式进行，充分发挥学生的想象、思维、动手、动脑能力，使学生都能在练习中体验到成功带来的乐趣和心理满足感。这样一来，就能大大提高学生的自信心，增强课堂的练习密度，体现出"区别对待"、"人人受益"的新课程理念。

四、活动设计——注重实效，培养能力

体育课教学不但要培养学生良好的体育爱好与习惯，提高学生的身体素质，还要培养学生的组织能力、管理能力、受挫能力、合作能力、协调能力等，使他们在课堂学习活动中形成良好的个性素质。因此，我们要从体育课的每个环节入手，对学生进行素质与能力的培养。

（一）开始部分以学生个性发展与能力培养为主

开始部分是体育课的起始环节，尤为重要。根据小学生形象思维宽广、

活泼好动、模仿能力强的特点，在导入时，我采用了模仿小动物的动作、游戏等形式创设情境，结合形象的儿童语言来调动学生学习的积极性，使学生在生动有趣、活泼欢快的气氛中开始一节课的学习和锻炼。

"体育课程标准"要求全面发展学生个性，注重学生自身能力的培养、思维的启迪，培养学生的主动性和创造性。所以，在本节课的开始部分，着重对学生进行能力培养，鼓励全班学生依次轮流带队，每个学生都充当一次体育委员的角色，学会喊各种口令，以及怎样整队和汇报人数。然后，教师给予适当的评价。对口令喊得好的学生，进行再提升；对口令喊得不好的学生，也鼓励他们重新尝试，一次、两次、三次，直至喊好口令。学生们在教师友好的鼓励中，充满了自信。通过这样的活动，既培养了学生的组织能力、管理能力，调动了学生主动学习知识、提高自身能力的积极性，又训练了学生的口头表达能力和思维能力，树立了他们的自信心。更重要的是学生会带着自信与勇气上好体育课，享受体育课带来的快乐。

(二)准备部分开展丰富多彩的游戏活动，调动学生学习的积极性

在一堂体育课中，准备部分占8至12分钟，是教学新内容的前期准备工作。"课程标准"要求，在课堂中应培养学生良好的学习兴趣，调动学生学习的积极性。游戏内容丰富，形式比较活泼，符合儿童年龄、心理的特点，深受儿童的喜爱。通过游戏活动，不仅能全面锻炼学生的身体，帮助学生认识客观事物，促进他们的体力和智力的发展，陶冶情操，而且还能培养学生的集体意识，提高个人综合能力。所以，教师在每一堂体育课的准备部分都要精心设计一个与所教内容相关的游戏活动，调动学生活动的积极性，使他们对游戏产生浓厚的兴趣，并积极投入到活动中去。这样做，既达到了锻炼身体、增强体质的教学目的，也为下个环节基本部分所教的内容做好充分的准备工作。例如，在教学生学习原地侧向投掷之前，我设计了"打沙包"、"画彩虹"这两个游戏。我把学生分成若干小组，进行"打沙包"练习。四名同学在两边投，四名同学在中间躲闪。学生能够积极主动地投入到练习中，既起到了热身的作用，又使投掷的练习在游戏中得以开展。"画彩虹"的游戏练习，是让学生通过想象，在自由投、抛彩带球的活动中，让手中的彩带球在空中

划出一条条美丽的彩虹。这一练习能充分调动学生的各种感官，在动脑、动眼、动手的练习中，把学生快乐地引入到投掷这一学习内容中来，让学生在趣味游戏中体验"投"的乐趣。学生既玩得开心、有趣，又为教师教授下个环节原地侧向投掷技术动作做好充分的热身准备。

(三)基本部分遵循理论联系实践的教学原则，培养学生的自信心

一堂体育课中基本部分时间占20至24分钟，是体育课教学的中心环节。在这段时间内，教师既要向学生传授新知识，又要带领学生进行实践性练习活动，并且要对练习中出现的问题及时指导、纠正，遵循人的认知规律，即理论——实践——理论的过程。因此，在向学生传授新的体育知识时，教师要抓住人的认知规律，在教学中想方设法化解难点、重点，细化每个教学步骤，来提高教学效果。具体应从以下三个方面做起：

1. 教师以身示范。动作示范是体育教学中最常用的一种直观教学法。它是教师通过具体的动作示范，使学生在头脑中建立起所要学习的动作表象，以了解所学动作的结构、要领的方法。体育教学的目的是使学生学习并掌握一定的投掷技能，而小学生技能的学习需要直接的感性经验来支持。因此，体育教学中正确的动作示范，不仅可以使学生获得必要的直接感受，以提高掌握动作要领的效率，而且还可以提高学生的学习兴趣，激发学生学习的自觉性，有利于形成正确的投掷动作。

2. 精心设计化解难点、重点的辅助性练习，纠正练习中的错误之处，达到学习要求。例如，在投掷的时候，投掷臂后引时伸不直。纠正方法：反复做侧向站立，投掷臂向后引伸，或将投掷物触墙等方法练习。再比如，在投掷中会出现出手角度不正确、用力不到位等。辅助练习采用向小动物喂食的练习，使学生一边思考、一边练习，这要比采用单调的模仿和讲解的效果好。

3. 充分发挥语言的魅力，用具有启发性的语言引导学生投入到活动中来。在教学生原地侧向投掷动作时，先用准确、简练、易懂的语言向学生讲解整个原地侧向投掷动作的全过程及动作技术要领。然后，给学生做示范动作，让学生看清楚、看明白整个动作过程，使学生感到这个动作并不难。最后，精心组织学生进行一些辅助性练习。例如，将学生分为三人一组，利用

手中的彩带球进行原地侧向投掷的徒手动作练习。在练习过程中，教师及时纠正错误，使学生感到稍加努力就会尝到成功的喜悦。在教授"投掷"一课的时候，我没有采用无说服力的语言教学法进行教授，而是采用"小动物喂食"的游戏创设情景，由此引出"投掷"，教师进行投掷的讲解。学生在一定的情境中，通过游戏了解并掌握了投掷这个体育项目。在教学中，我还采用游戏"我是解放军"来进一步巩固和练习投掷，通过"军营学本领"、"发现敌情打坦克"、"夺取胜利炸碉堡"，互相连接，层层深入，使"解放军"这一主题贯穿整个游戏之中。一节课下来，教师没有压力，学生又感兴趣，简简单单就实现了教学目标。用鼓励性的语言激励学生完成动作的勇气，对那些学有困难的学生更应给予适当的鼓励与评价，给他们信心，让他们感受到人文关怀，品尝成功的喜悦。

(四)结束部分渗透音乐教学，使学生受到美的熏陶

结束部分，在一堂体育课中，时间虽然只有四分钟左右，但它是体育课中不可或缺的组成部分。结束部分的任务是做一些整理活动，达到放松身心、缓解疲劳、保护身体的目的。所以，在体育课的结束部分播放一些节奏舒缓的音乐，让学生跟随音乐在教师的示范带领下做一些舒展大方的放松动作。这样做，既达到了放松身心、缓解疲劳、保护身体的目的，又培养了学生的乐感和节奏感。在"原地侧向投掷"一课的结束部分，我设计了手语操《感恩的心》，其一可以放松上肢，其二可以感化学生，让学生学会感恩，使体育课和心理健康课及思想品德课整合。最后，对本节课所学内容进行总结，使学生在一种轻松、愉快的氛围中上完一堂体育课。

五、选择教法——巧妙设计，新颖多样

教法是完成教学任务的途径或手段，也是决定教学效果的关键因素。根据课标和教材特点，考虑如何把知识、技能传授给学生，更好地教会学生自我锻炼的方法，培养自我锻炼的能力，养成终身进行体育锻炼的习惯。为此，采用与教材内容相适应的教法尤为重要。"原地侧向投掷"一课，根据小学三年级学生的心理特点，我采用了以下教学方法：

(一)语言描述创设情境

语言描述是创设情境的重要手段。当我们在教学田径某项运动时，可

以用特定的相近运动现象来说明学习中的某个问题，通过旁征博引，使学生从中受到启示。例如，在投掷练习中，学生往往出手速度慢，要求学生迅速有力地投掷器械，可以把器械比喻成手榴弹，安全栓拉完三秒后要迅速投出去，从而建立快速有力的投掷概念，提高练习效果。生动的教学语言也是引起学生学习兴趣、提高教学效果的有效手段。教学中，学生会感到教师的亲切，喜欢这样的教师给他们上课，甚至"爱屋及乌"。例如，在队列训练这部分，我设计了"口令语言"。教师一边走，一边下口令："谁走得好？""谁走得齐？"学生回答："我们走得好！""我们走得齐！"教师如能在备课中坚持用语言描述创设情境，那么，口令训练就不会单调乏味。

(二)游戏情节创设情境

根据我的教学经验与实践，我认为，上好体育课，必须寓趣味于教学、寓游戏于教学。实践证明，情境教学能有效地激发学生的学习兴趣。小学低年段的学生想象力丰富，直观模仿较强。因此，在小学低年段体育课教学中，要充分发挥学生的直观模仿能力，设计好情境，更好地完成教学任务。教师通过带领学生做游戏，引导其进入角色，学生会跟随教师马上动起来，课堂气氛随之活跃。在原地侧向投掷的趣味练习中，我主要设计了"我是解放军"这个游戏。结合学生喜欢听故事的心理特点，编好故事，用富有儿童化的语言叙述。学生在听故事的过程中，了解教材内容。教师用故事的形式，将游戏活动贯穿于教学的全过程，使体育教学的进行与故事情节的发展有机地结合起来。例如，在"争分夺秒"这一环节中，我设计了支援前线的故事背景，把彩带球比做弹药，通过语言的描述、道具的刺激、音响的烘托等丰富多彩的情境设计，前后串联，形成了一个完整的战斗故事。伴随着故事情节，学生产生了身临其境的感觉，增加了课堂教学的趣味性，有效地调动了学生学习的积极性，使课堂气氛达到了高潮。事实证明，在体育课中根据教学目标与教学内容创设合适的情境，能让学生更乐于上体育课、更想上体育课，改变学生喜欢体育但不喜欢上体育课的情况。创设情境，在情境教学中培养学生的运动兴趣，是学生快速掌握动作方法与技能的有效途径，保证体育教学目标的实现，最终促进学生健康成长。

六、注重反思——积累经验，内化提高

（一）教学前的反思

在传统的教学中，教师关注的是教学后的反思，忽视了教学前的反思。实际上，教师在教学前对自己的教案及教学设计思路进行反思，不仅是教师对自己的教学设计、教学方法的再次查缺补漏、吸收和内化的过程，更是教师关注学生，体现"以学生为本"这一理念的过程。

（二）教学中的反思

在教学中进行反思，即及时、主动地在教学过程中实施的反思，这种反思能使课堂教学高质高效地进行。在课堂教学中，教师要时刻关注学生的学习过程，关注所使用的方法、手段及目标达成的效果，捕捉教学中的灵感，及时调整组织教学方法，做到教学灵活、巧妙调控，使课堂效果达到最佳。

（三）教学后的反思

重视课后反思，是对当次课成功、失败及再教学设计做详细记录，作为以后的课堂教学的借鉴，为课题研究提供实践依据。这也是完善备课的一个重要环节。因此，教师应以"课后记"的形式，把备课的经验和不足记录下来。这样做，既有益于教学经验的积累，也有益于备课能力的提高。

附：教学设计

一、指导思想

本课以"健康第一"为指导思想，依据《体育〈与健康〉课程标准》，根据学生的心理特点及认识规律，以技能形成规律为理论依据，充分体现以人为本、以学生能力发展为中心的教学主题。

二、教学特点

1. 充分体现"以人为本，以学生能力发展为中心"的教学主题，改变以往的机械做法，由浅入深、层层递进。教师通过启发引导、情境导入等手段，引导学生在每一步的学练中都要认真思考、积极体验，使整个教学活动充满趣味性，将思想教育和能力培养融为一体，既明白知识原理又掌握方法技能，同时发展投掷能力，完成教学目标。

2. 在整个过程中，师生的互动效率高。教师通过语言引导、动作示范、情境导入、归纳评价，引领学生实践探索，进行分析比较、解难释疑、交流展示，使学生个性得以展示、心理得到满足、能力得到发展、团队意识得到加强。

3. 注重体育教学器材资源的开发，让"彩带球"贯穿课堂始终。颜色各异的"彩带球"既给学生带来良好的视觉效果，又能激发学生参与活动的兴趣，有助于达成本课的教学目标。

三、教学组织

1. 课的开始部分，用"我是体委"的活动来培养学生的组织能力、口头表达能力、思维能力，树立学生的自信心。通过队列训练，培养学生正确的身体姿态，增强学生的组织纪律性。

2. 通过游戏"狼来了"、"打沙包"进行激情引趣，激发学生参与学习的兴趣，使学生的身心在快乐中得以全面调动。

3. 通过想象，练习"画彩虹"。色彩各异的彩带像天空的彩虹一样绚丽多彩，充分调动学生的各种感官。在以不同高度的投掷来调动学生动脑、动眼、动手的练习中，把学生快乐地引入投掷的学习内容中来。在教学中，先采用一边启发、一边练习的方法，使学生对学过的原地正面投掷动作进行巩固和练习，再通过"我是解放军"的情境教学，对原地侧向投掷教学进行巩固和提高，从而进一步激发学生的学习兴趣，使学生更加深刻记忆掌握侧面投掷技术，提高了学生的投掷能力，激发了学生的爱国热情。最后，通过游戏"争分夺秒"，使课堂氛围达到一个高潮，同时加强了学生之间的合作、团结向上的意识。

4. 通过放松手语操《感恩的心》，对学生进行感恩教育，也使学生的身体和心理得以放松。

四、器材准备

录音机1台，彩带球40个，呼啦圈10个，动物头像10个。

【评析】备课是上好课的前提，要提升课堂教学水平，必须认真备课。备课是教师进行教学活动的首要环节，是整个教学活动的前提和保障，其质量的好坏直接影响教师的教学效率和学生的学习效率。郭林老师从研读教材、备好场地、准备器材、活动设计、选择教法、注重反思六个方面具体谈出了自己的思考，非常具有借鉴价值。

1. 备体育教材，体现以能力发展为核心，重视教材的基本内涵。郭林老师在认真研读教材后，能够结合学生的实际，确定教学目标，抓住教材的重点、难点去合理地组织教材，进行授课，以学生的能力发展为中心，体现了"以学生为本"的思想。

2. 备场地器材，师生互动，自制游戏器材，充分挖掘课程资源。由于体育器材短缺，因此，教师带动学生利用废报纸自制教具。学生在自制教具的过程中，提高了动手动脑的能力，发散了学生思维，培养了学生的创新能力。同时，更重要的是学生也体验到了体育的乐趣。在教学中，还做到"一材多用"。通过这些自制教具，既能提高学生的学习兴趣，也解决了学校体育器材短缺的问题。

3. 备教学活动设计，体现了体育教学活动的趣味性和发展性。郭林老师在备教法时，关注的是突出学科特点，抓住体育教学以活动为中心的特点，围绕学生对投掷的感受，深入体验，大胆展示，进行周密的安排与组织。整个教学过程有一个合理的结构，在这个结构合理的教学过程中，将学生的一切发展落实在体育活动当中，使体育课具有体育的魅力，获得明确的学生发展效果。

4. 注重教学反思，不断提高自身的素质和能力。教学反思是教师迅速成长的一个关键因素。郭林老师不仅注重教学后反思，也注重教学前的反思、教学中的反思和教学后的反思。教前反思，关注学生；教中反思，巧妙调控；教后反思，改进教学。通过反思，把自己磨炼成适应新课程改革的科研型教师，利于教学方法的改进和教学质量的提高。

总之，备课也是一门艺术。备课中，要把专业理论、运动技能和教学技巧、教学环境、学生的基础融为一体。每一位体育教师都应该备好课，把自己所学的及前人积累的经验成果更好地传授给学生。

（本溪市实验小学副校长宋长桂）

案例十四 以音乐审美为核心 培养学生音乐素养
——怎样优化设计一节音乐课

王 淼

随着教学改革的不断深入，我一直都在摸索中前进、在实践中总结，尤其是在自己参与了全国、省、市优秀课例的评选，经历了多次全国、省、市音乐教学的观摩后，我更加深刻地认识到音乐教学绝不是单调地给学生灌输一些音乐知识与技能，而是音乐教育要"以音乐审美为核心"。音乐是情感的艺术，它既融入了人的一种真挚的感情，又能给人以美的享受、心灵的震撼。所以说，音乐的教育也就是塑造学生美丽心灵的教育。那么，如何能上好一节音乐课，真正使学生们从中受到美的熏陶和情操的冶炼呢？我觉得，备好每一节课是音乐教师教学工作的一个重要环节和前提条件。备课绝不是简单的写教案，而是一项极复杂的脑力劳动、创造性劳动。它凝结着教师对音乐的理解和对学生们的关注，并由许多相互联系的环节构成，缺一不可。同时，备课也是教学流程中的重要环节，是保证教学任务完成的基本前提，是教师教学能力提高的必由之路，是教师专业发展的重要途径。音乐教师所具有的教育理念、思想品德、专业技能、艺术修养、教学理论、教学方法都只有通过备课的环节，才能得以体现，才能转化为自身的能力，并不断得以发展。下面，我就以《猫虎歌》一课来和大家交流一下怎样备好一节音乐课。

一、研读教材，熟悉音乐是关键

研读教材是为了掌握教材的本质、弄清各项教学内容之间的有机联系，探讨、确定教学目的。在准备一节新课前，我们要明确以下几点：让学生学什么？掌握哪些知识技能？培养哪些音乐能力？进行哪些思想品德教育？在此基础上，深入浅出地进行教学。所谓深入，就是抓住教材的本质及教学内容的内在联系，对关键性的问题进行透彻分析。所谓浅出，就是把深奥难懂、难以掌握的东西用通俗易懂、生动形象的办法使学生掌握。要做到这些，教师必须吃透教材、勤于思考，提高专业能力和教学能力。

音乐是声音艺术，一首歌曲的思想性与艺术性的完美统一是通过歌词及歌曲的音高、节奏、强弱等音乐要素来体现的。因此，音乐教师在备课时要在反复演唱歌曲的基础上，深入钻研教材，熟悉音乐。只有这样，才能准确地把握歌曲的音乐风格和特点。这是一个反复思考、不断深化的过程。

(一) 熟悉音乐

当我们遇到一节新课的时候，我们最先要做的是什么？那就是唱。先从头到尾完整地唱，唱熟之后再反复地唱。先用琴弹唱，再和着伴奏唱。在演唱的过程中，我们会很容易发现歌曲所要表达的情感以及这节课的重点与难点。就像我在刚刚演唱《猫虎歌》的时候，就发现这首歌极具色彩、极为生动，为我们讲述了一只小猫智斗大老虎的故事。随着反复演唱，我发现我在唱结束句"老虎被弄得稀里糊涂哎"和"森林之王你服不服"的时候，"哎"与"王"的时值很不容易掌握，从而在自己的演唱中发现了歌曲的重点与难点。当然，演唱的益处还有很多，它不仅是我们熟悉音乐的过程，也会为我们增添很多的灵感。每次演唱《猫虎歌》的时候，我都会在脑海中闪现出不同的画面。比如，如果我把这首歌以歌表演的形式唱给学生听，他们是不是会觉得很有意思？或是学生唱到小猫遇见大老虎时会有什么样的反应？……这些想法，都会在之后的深钻教材中得以尝试甚至实践。有的会成为很宝贵的教学亮点，被运用在教学中。

(二) 深钻教材

在初步了解了歌曲所要表达的情感以及知识技能方面的重点、难点后，作为教师，我们要更加深入地进行揣摩，将我们的理解与教材的思想性、艺术性、知识体系融合在一起。

在自己反复演唱《猫虎歌》后，随着对歌曲更加深入的钻研与揣摩，我发现这首歌曲虽然对我们讲述了一个故事，但它对小猫和大老虎一系列心理活动的变化更加值得我们用音乐的手法去激化。从小猫遇见大老虎时的恐惧到灵机一动后的自信，从那只大老虎最初的凶猛到最后的愚钝与迷茫，都是通过声音的高与低、快与慢、强与弱及音色的变化来实现的。如第一句："小猫遇见大老虎耶耶耶。"短短的两小节的音乐里，就有三个要点：一是要突出小猫的小和大老虎的大；二是要表现小猫遇见大老虎时的害怕心理，并通过三个渐弱的"耶耶耶"来体现；三是通过"耶耶耶"上面的前倚音来刻画出小猫从遇见大老虎时的吃惊、恐惧到有了主意的动态小猫。第二句："摇头摆尾装师傅耶耶耶。"同样是通过对"耶耶耶"的力度渐强的处理，表现出有了主意以后的小猫也逐渐有了底气，可以挺直腰板儿和大老虎进行对话，从而也引出第三、第四句："狮子豹子都是猫啊，老虎被弄得稀里糊涂哎！"在第三句"都是猫啊"的后面，出现了一个四分休止符。我们通常的做法就是告诉学生们休止符代表空拍，遇到的时候不要发出声音。可是，如果我们能认真地琢磨它的用意，就不难发现，它绝不是单纯意义上的空一拍。一个休止表现出的是一种严厉、一种坚决，从而让这只大老虎真的稀里糊涂地信以为真，以为它自己也是一只猫。

一首短小的歌曲，只有四句话，共九小节，却几乎包含了音乐所有的要素。如果我不去认认真真地、充分地挖掘这些音乐要素，一首歌曲必将失去它的色彩，教师与学生也会失去它原本为我们带来的宝贵的精神财富。

二、了解学生，以学定教是根本

教学是教与学的双边活动，学生不仅是教学的对象，而且是教学进程中认识的主体。是否做到了对学生的思想情况、年龄特点、学段特征、音乐素质、班风纪律等情况了如指掌？是否有针对性地采取了相应而适当的措施？这都需要我们做好充分的准备和了解，以便更好、更恰当地进行备课，才能水到渠成、事半功倍。作为音乐教师，我们还必须对学生接受新知识的能力了如指掌，因为他们的状态将直接影响教学活动的效果。其中，就包括学生原有的音乐基础知识、技能的质量、智力发展的程度、学习的兴趣和爱好的情况等。所以说，备课不能脱离学生的实际，不能离开了解学生这个重要基础。

（一）了解学生的学段特征

在备《猫虎歌》这节课时，我面向的是二年级的学生。这一学段的学生以形象思维为主，具有好奇、好动、模仿力强的身心特点。所以，我利用儿童自然的嗓音和灵巧的形体，采用歌、舞、游戏相结合的综合手段，进行直观教学，激发和培养学生对音乐的兴趣，开发音乐的感知力，体验音乐的美感。引导学生自然地、有表情地歌唱，乐于参与其他音乐表现和即兴创造活动。

《猫虎歌》是一首非常短小的歌曲，形象鲜明。在歌曲教学这部分，我用音乐为学生讲故事。"在大森林中，小猫与大老虎相遇了，会发生怎样的故事呢？让老师用歌声来告诉你们吧！"于是，我以歌表演的形式，为学生们呈现出一幅动感的画面和一个最直观的印象。这不仅激发了学生极大的学习兴趣，还提升了学生对音乐的感知能力，更将歌曲深深地印在他们的脑海中。在学习过程中，只需要我一个动作的提示，学生便知道下一乐句要学唱的歌词。歌曲学会了，歌词也便熟记于心了。同时，学生的模仿能力、创造能力、表现能力都会给我们带来不断的惊喜，他们演绎的小猫会更加调皮，老虎虽笨却也无比可爱，再加上他们原本动听纯净的嗓音，整节课下来，学生喜欢，教师高兴，真是其乐融融。

由此可见，备课一定要充分了解学生的学段特征，量体裁衣。这样的课，学生喜欢，教师也会轻松许多。

(二)考虑学生的学习能力

在我去桓仁送教下乡时，对那里的学生的学习状况并不了解。在这种情况下，教研员带着我与当地的师生做了及时的了解与沟通。我发现那里的学生学习兴趣极高，看见我的时候，黑黑的眼睛里闪烁出单纯、渴望的光芒。但通过一定的了解，我发现他们对一些知识技能的掌握要显得薄弱一些。于是，我针对他们的学习能力，利用整晚的时间调整我的授课计划。针对他们的求知欲望强、好奇好动等特点，我加强了课前的声势律动的环节，力求把学生的兴趣激发到最高点。同时，针对他们的薄弱环节，我把演唱技能及知识点的讲授也做了一些强化，取得了非常好的效果。我相信，只有在对学生有了充分的了解以后，在备课时，才能更合理地安排教学流程，确定每一课的教学目的、任务及要求，选择最优的教学方法，制定最佳的教学方案。

三、精备教法，遵循音乐审美原则

一节课能否吸引住学生，取决于它的设计是否新颖、教法是否灵活。

教师在备课时，要注重创新，力求在教学实践过程中教学形式及方法的多样化、新颖化。备课时，应当从学生的审美心理及审美特征出发，针对不同年龄、不同层次的学生，进行不同内容、不同形式、不同要求的教学。我所要执教的《猫虎歌》是一节唱歌课，唱歌课的教学目标就是能让学生用最自然动听的声音来表现歌曲及其内涵。在备课的时候，我曾几度停滞不前，总是找不到一个适合的方式来进行教学。到底怎样引导学生用声音来表现小猫的心理变化？怎样刻画大老虎的愚笨？怎样能让孩子们心随乐动？……经过反复的推敲、思考，我觉得知识技能的传授要通过丰富的审美体验活动来实现。

音乐教学作为审美教育的一种方式和手段，有着与一般学科不同的教学方法。主要体现为：从感性入手，以情动人、以美感人，重视教育的潜效应。概括地说，它遵循着下面一些原则：

（一）参与性原则

音乐教学的参与原则的基本含义是：在音乐教学过程中，教育者创设良好的音乐艺术与教育氛围，尽可能地激发学生积极主动地、全身心全方位地参与音乐实践活动，从而使他们获得音乐的审美体验。对于小学生而言，在一定程度上，音乐艺术主要还不是一门知识，而是一种内心体验，一种音乐审美愉悦的体验，而没有亲身参与到音乐活动之中的人，是不可能获得这样一种体验的。因此，音乐教学过程应该是一个在教师启发和指导下学生参与体验音乐的过程。没有学生主体的参与，就难有真正的音乐教学。

音乐艺术在很大程度上说，就是那种"只能意会、不可言传"的东西。仅凭教师的口头传授，而没有学生的亲身参与和体验，哪怕是音乐知识、音乐技能技巧，学生也是很难真正理解和掌握的，更不用说对音乐作品的欣赏与再创作了。只有当学生参与到音乐活动之中，与音乐融为一体，自己主动地去探寻、领悟、体验时，对音乐知识技能的真正理解和掌握，特别是对音乐的欣赏与创造，才会成为可能。

贯彻参与原则进行音乐教学，要求教师尽量地把音乐教学过程设计成一个个有利于学生主动参与的音乐活动，包括音乐鉴赏活动、音乐表现活动、音乐创作活动等。同时，将有关的音乐基本文化知识内容融进音乐活动之中，让学生顺带地学习。在音乐教学的活动中，要确保学生在活动中的主体地位，学生是活动的主角而不只是观众，教师是策划人和欣赏者而不是裁判员或评委。教师应为学生的参与活动创造良好的物质环境，把学生从那种听讲式、没有多少移动余地的境地中解放出来。

首先，我以《猫虎歌》的伴奏音乐为背景音乐，以声势律动开始这节课。通过对小猫、大老虎的动作和一系列声音的强弱、渐强、渐弱的模仿来激发他们学习的兴趣。同时，我还把这节课的难点隐藏在其中，以游戏的方式来间接地解决。在模仿完小猫与大老虎的叫声以后，我说："同学们模仿得像极了，现在老师来试试同学们的记忆力。我们来听段音乐，注意看老师拍了几次手，每次拍了几下。"这马上使学生全神贯注，不敢放松。答案是3、3、5、3、3、4，这些数字代表的是时值，其中的第一段结束句的5拍和第二段结束句的4拍就是本课的难点，也是我自己在最初熟悉音乐、反复演唱的过程中发现的。有的学生很专注，把所有的拍手次数累计起来，告诉我21下，这也是上课过程中非常难忘的小插曲。这种3、3、5、3、3、4使学生遇到结束句的时候很容易就掌握了所要演唱的时值。由此可见，在教学活动中有机地渗透知识、技能，会使学生的理解更轻松、更深刻。

(二) 情感性原则

音乐是情感艺术，音乐给人情感的移入比其他艺术有力得多，能更直接、更有力地进入人的情感世界。审美教育从本质上讲，是一种情感教育。情感是音乐审美过程中最活跃的心理因素，是音乐审美感受的动力和中介。在音乐教学中，牢牢地把握住情感性原则，不时点燃学生的情感火花，会有效地打开学生的心灵之窗，使其在情绪的勃发与激动中享受美感。

师生之间和谐的情感交流，是音乐教学优化审美功效的重要标志。艺术不能容忍说教，审美不能依靠灌输，施教者与受教者凭借音乐审美媒介交流审美信息。在这里，没有智力教育和道德教育的那种权威性和强迫性，教学双方完全是一种平等的关系。建立这种良好的教与学的关系的关键在于施教者，音乐教师应把感情的纽带首先抛向学生，创造一种平等民主、相互交流的教学气氛。

(三)愉悦性原则

音乐作为人类最主要的精神食粮，人们之所以需要它，是因为它能够给人以愉悦、以享受，能使人在精神上产生愉悦和美感。可以说，审美愉悦性是音乐艺术的本质特征之一。正因为音乐具有愉悦性，人们才可能在心情舒畅的前提下去主动参与音乐审美活动。所以说，保持学生的良好心境，使学生充分感受音乐的愉悦，既是音乐教学能否获得成功的一个前提条件，也是音乐教学的目的之一。音乐教学方法的趣味化和游戏化，不仅给学生带来极大的快乐，而且会使他们对音乐发生浓厚的兴趣，使"要他唱"变为"他要唱"，进而产生持久的音乐学习动力。

此外，教师范唱的艺术魅力是一节课成败的关键。在歌曲教学中，要利用范唱树立正确的声音概念，用范唱引导学生进入歌曲的情境，并在解决难点中，用范唱提升教学的质量和效率。

在新授的环节中，我利用范唱树立正确的声音概念，用范唱引导学生进入歌曲的情境，并以小猫智斗大老虎的故事为主线，一步一步地吸引学生，采用边唱歌边讲故事的方法，把每一个乐曲所要表现的情感和塑造的形象都用声音来表现出来。如第一句的"耶耶耶"和第二句的"耶耶耶"，它们所要体现的完全是两种心理状态，需要用声音力度上的变化来表现。还有小猫教训大老虎"森林之王你服不服"时的中气十足，我的引导和示范都显得格外重要，因为声音的传达最直观、最有效。所以，一节唱歌课的成功与否，教师的范唱起了关键性的作用。在我的有效指导下，所有的孩子都能利用声音表现出小猫与大老虎的心理上的变化，也达到了我所制定的学习目标，就是用声音来表达情感、用声音来塑造形象。

知识的发展、教育对象的变化、教学要求的提高，使作为一种艺术创造和再创造的备课成为一种艰苦复杂的脑力劳动过程。因此，在新课程标准的指导下，我们一定要充分认识到教师认真备课的重要性。我真心地希望，在每名音乐教师的引导下，我们的学生能够终身喜爱音乐、享受音乐。能做一个热爱音乐的音乐老师，用心备好、上好每一节音乐课，让音乐课堂充满欢乐、充满感动、充满向往，是我前行的方向。

附：教学设计

教学目标：
用声音表现情感，用声音塑造形象，了解故事的内涵进而表现。

教学重点：
富有表现力的演唱歌曲。

教学难点：
对歌曲节奏的掌握。

教学用具：
电脑，投影仪，钢琴。

教学过程

一、通过体态律动，初步感受与体验音乐的旋律与节奏

同学们，今天有这么多客人和我们一起上音乐课，你们高兴吗？老师看出来了，今天你们都这么精神漂亮！好！让我们随着音乐动起来吧！

二、节奏训练

(一)刚才呀，我们模仿了什么动物？

1. 我们来模仿一下小猫的叫声？大老虎的呢？

2. 下面试试用这个节奏来模仿！

喵喵喵 ××× 嗷嗷嗷 ×××

师生接龙(两遍，强弱变化)：

小猫 小猫 怎样叫？ ×××

老虎 老虎 怎样叫？ ×××

小猫 老虎 一起叫！ ×××

(二)同学们模仿得像极了，现在老师来试试同学们的记忆力。我们来听段音乐，注意看老师拍了几次手，每次拍了几下。

你们也来试试吧！

三、歌曲教学

(一)在大森林中，小猫与大老虎相遇了，会发生怎样的故事呢？让老师用歌声来告诉你们吧！(教师范唱、揭示课题)

1. 小猫遇见了大老虎,它是怎么做的?
2. 让我们一起来唱一唱。(出示歌词,教唱)

教师唱:小猫遇见大老虎,耶耶耶。
　　　　摇头摆尾装师傅,耶耶耶。

3. 那它对老虎说了什么?(出示歌词)

教唱:狮子豹子都是猫啊(动作)

教师问:老虎怎么样了?教师唱:老虎被弄得稀里糊涂哎!
能把第一段连起来唱一遍吗?

(二)这小猫装师傅,一句话就把大老虎弄得稀里糊涂了,这是一只什么样的小猫呢?除此之外,小猫还有什么绝招呢?(上树)

1. 对啦!让我们一起来唱一唱第二段!(出示歌词,模唱)
("只凭一招会上树啊,森林之王你服不服!")
2. 唱森林之王的王的时候,想一想你们拍了几次手?
3. 就让我们来完整地演唱一遍这首歌曲!

四、歌曲的处理

(一)同学们,刚才唱"耶耶耶"的时候,你们是怎么唱的?为什么会有这种声音效果呢?(出示歌篇)老师来告诉你们,是因为有了前倚音。如果我把前倚音去掉,你们听,好听吗?让我们再把这两句完整地唱一遍。

(二)大森林中,小猫正在高高兴兴地玩耍。一抬头,哎呀,迎面走来一只大老虎,它的心情是怎样的?为什么害怕啊?但是,小猫灵机一动,便计上心来,想起了一个好主意!(范唱第一句)你们来!它想起了什么主意?这回小猫可有了底气。(范唱、学唱)

(三)同学们,你们说,狮子、豹子是不是猫啊?那小猫为什么要这么说呢?
1. 这是一只什么样的小猫?怎么用声音来表现?试一下!
2. 大老虎呢?用声音来表现一下!

(四)同学们用声音表现了机智的小猫和愚蠢的大老虎,现在让我们来完整地演唱这首歌曲吧!

(五)同学们唱得很生动!可是,在唱歌的时候,我们一定要注意,不要喊着唱,用你们最自然、最放松的状态来演唱,让我们再来一遍。

五、歌曲的拓展与表现

同学们唱得真好听！你们喜欢这首歌吗？那我们来分角色来表演这首歌曲好吗？起立！我们可以自由组合，一个同学来扮演小猫，另一名同学来扮演大老虎，我们先练习一下！

邀请学生上前表演。大家一起来吧！

六、课堂小结

同学们的表现真不错！今天，我们学习了这首猫虎歌，让我们记住这只聪明、机智的小猫吧！今天的音乐课就上到这里，让我们随着《猫虎歌》走出教室！别忘了，和客人说再见！

【评析】本备课案例非常具有借鉴的价值。

首先，备音乐教材，体现以音乐审美为核心，重视教材的基本内涵。王淼老师在确定教学内容后，先是对作品进行了理性的分析，充分挖掘教材的"潜能"。仔细分析音乐作品的审美要素，即音乐的音高、节奏、速度、力度、旋律构成、情绪色彩、歌词内容和思想情感等方面特点。抓住音乐特性，使音乐教学绘声绘色，使作品应有的教育价值与音乐课程的教育价值有机结合，达到音乐教学应有的目的。

其次，备学生学习方式，面向全体学生，注重提高学生音乐素养。王淼老师注重走近学生、了解学生，站在学生的角度设计学生感兴趣而又有实际意义的学习方式，引导学生积极主动地参与音乐的学习。设计的重点是活动，强调的是在活动中感悟、在参与中体验。在学习活动中，设计如何组织学生有效学习，学生与音乐作品对话、与教师对话、与同伴对话，使学生融入音乐之中。

再次，备教学活动设计，体现了音乐教学活动的音乐性和发展性。王淼老师在备教法时，关注的是突出学科特点，抓住教材的核心价值设计"教"和"导"，围绕学生对音乐作品的感受，深入体验，大胆表现，相互交流，进行周密的安排与组织。整个教学过程有一个合理的结构，在这个结构合理的教学过程中，将学生的一切发展落实在音乐学习活动当中，使音乐课有音乐课的味道，有音乐的魅力，有明确的学生发展效果。(李同学)

案例十五　如琢如磨　精益求精
——怎样优化设计一节美术课

范晓焕

从教已十几年了，依然清晰地记得在第一次走上讲台前，我紧张得难以入眠的情景。困惑之余，曾经追问我的指导老师，怎样才能上好课？老师回答：先备好课。

一个有效的课堂教学必然是建立在有效的备课上。怎样才能做到有效的备课？我觉得，备课犹如烹饪，教材、教参等是原料，学生是吃客，教法犹如刀功、调料，缺一不可，对待哪个环节都不能掉以轻心。虽说工作多年，但我每次上课前依然怀着惴惴之心，反复琢磨。只有在备课环节上多下工夫，在教学过程中才能减少纰漏。通过《纸浮雕》一课的备课过程，我想谈谈自己备课的一些做法和体会。

一、源于教材，整合资源

教材是提供给教师进行教学的素材，也是提供给学生学习的一个范式。教材给了我们一个教学思路，要利用这个素材和思路，达到课堂教学的目标。通览教科书，熟悉其全部内容，包括编者意图、组织结构，这是要做的第一个功课。《纸的立体表现——纸浮雕》是人美版《美术》第14册第五课，编者开篇明义，引导学生用造型各异的纸浮雕作品挂在房中作为装饰。接着，提到了制作的基本方法，图片的选择有动物、植物和景物，风格以卡通形象为主。学习建议比较宽泛，造型简练、有情趣即可。在掌握教材内容后，还要解读新课程标准中要求学生达到的认知水平。《纸浮雕》一课属于"设计·应用"学习领域，要求运用一定的物质材料和手段，围绕一定的目的和用途进行设计与制作，传递、交流信息，美化生活及环境，培养设计意识和实践能力的学习领域。通过课标要求，可以明确课程的显性目标和内容，要求学生学会纸浮雕的基本技法，锻炼立体造型的能力。隐性的目标则是美化生活及环境，培养学生的设计意识和实践能力。

在确立教材的重点、难点后，我开始针对教材做加法和减法，做资料的整合。

教师十分依赖教材，向学生传递的信息与书上几乎完全一致。从我们做学生的经验和对学生的观察来看，几乎所有的学生在拿到新书的那一刻起就会翻阅全书。如果教师的讲述全在学生意料之中，那学习的兴趣和效果就会大大降低。教材是重要的教学依据，而不是唯一的课程资源；教师不应只是书本的传授者，而应是课程资源的开发者。我做的加法是大量搜集相关资料，通过互联网的信息和一些专业的书籍，让视野和思维更加广阔。建立课程资源库，把找到的纸浮雕图片按照题材分为人物、静物、动物、植物、风景几大类，再按照色彩分为单色和多色，分建不同的文件夹以便于查找。在已有资料的基础上，还要会做减法，根据教学设计选取有效图片制作课件。图片的选择原则，第一是尽量选课本上没有的图片，这会让学生产生新鲜感；第二是有效性，借助每张图片解决至少一个问题；第三是清晰度，注重视觉效果。

二、分析学情，预设学法

"缺乏学习者的动机、兴趣和追求的教学活动，一定是低效的甚至是无效的。"认知主义和建构主义理论都认为，教学效果直接取决于学生头脑中已有的知识(认知结构)和如何有效运用这些知识加工所面临的学习材料(学习策略)。备课时，要对学生已有的知识基础、心理特征、接受能力、内在潜力等有所了解，明确学生已有知识与新内容之间的关系。预想学生在学习过程中可能想知道什么、能够知道什么，尊重学生认识发展的脉络，使教学设计的起点与学生实际学习的起点相吻合。

纸是生活中最易得的材料，其色彩、质地变化多端，制作起来既简便又易学。其成品应用广泛，装饰性强，容易激发学生的学习兴趣。纸浮雕是立体设计，在设计过程中，平面的纸经过折、刻、卷、粘等制作工艺开始变形，同时产生厚度和大小的变化，变化为半立体或全立体的造型。要实现这一转变，要求学生对将要制作的形象首先在脑子里要有立体的想象，再考虑立体的造型展开成平面是个什么样子，考虑它可以用什么方法形成浮雕造型。在组合成型的过程中，必须充分考虑大小比例关系、前后穿插衔接问题、色彩的合理搭配、形体的美感问题等因素。要养成事先预想的好习惯，再用灵活的方法解决它。在整个制作过程中，手工制作要精细、严谨，对工具的使用要熟练，更重要的是不能将纸损坏，这又是对工艺动手能力技巧的训练。七年级学生在上学期已对浮雕这一艺术形式有所了解，本册教材的前两课"手绘线条图像的表达"针对立体图像和物象空间的练习，使学生对立体图像的表达掌握了一定的规律。他们在小学曾学习过折纸鹤等纸立体成型的方法，有一定的立体思维能力，视野也更为开阔，有更高的审美能力。如果把纸浮雕看做单纯的手工制作课，学习方法再以临摹为主，就会使学生大大丧失学习的兴趣。本课技法的介绍是多样性的，既有较为复杂的切折法，也有非常简单的平面重叠法，还有使用特殊工具的滚压法等。这就为学生提供了更多的选择。创作的题材也可根据兴趣自行进行选择，给学生学习提供的创作空间越大，他们的学习兴趣就越高。

针对学生的不同能力和个体差异，通过平日的观察，我把学生分为三种类型。一是具有专业基础型。这一类学生有一定的美术功底，作品无论是构图还是色彩搭配都比较讲究，但需进一步提高。二是眼高手低型。这一类学生头脑比较灵活，有丰富的想象和创意，但制作能力较差，作品比较粗糙。三是应付差事型。这一类学生要么比较懒惰，要么头脑中确实缺少想法，只会简单模仿。在进行教学设计时，如果更多地从以人为本出发，从促进学生发展的角度组织课程内容，努力将美术学习活动与学生的生活经验联系起来，就会提高学生创作的自信心。对第一类学生，应高标准、严要求，力求出精品；对第二类学生，应重点辅导制作技法，以使他们的创意得到更好的表达；对第三类学生，应给他们提供相关的图片及资料，鼓励他们在借鉴的同时加入自己的创意。以上措施会使学生的作品质量大大提高，在不断的成功中体验到更多的快乐，对学习也更有热情了。

以小组合作课业的方式，培养学生学习合作的学习方式与合作精神。在练习题目提出后，经过小组讨论和探究，设定本组的设计思路，小组成员根据方案做合理的分工。这样可以解决构思单一和制作效率不高的问题，尤其是能力较差的学生也能在参与中获得成就感。而小组竞赛的方式，比速度、比质量，能够激发学生的好胜心，提高学生制作的效率和水平。

　　学习成果的反馈，要合理运用学习评价的功能，尽可能减少对学生统一的约束和要求，侧重于评价其学会了多少、提高了多少。要引导学生在展示作品的过程中，学生自评、学生互评、小组集体评价等交互进行。互评前，我会先加以引导：请选出你最喜欢的作品。或者："你认为谁的作品色彩搭配最漂亮？""哪幅作品构图最完美？""谁的构思最有创意？""哪个作品的做工最精致？"自评则是着重阐述自己的创作过程及出现的问题和解决的方法等。这样的评价方式给予学生最大限度的展示和参与的空间，使彼此的思想更容易产生共鸣。同时，这也是一个反思的过程，这些对他们今后的提高都有很大的好处。

三、分析教法，创设情境

　　达科沃斯这样描述她的教学观："我为学生提供情境，促使他们思考，并观察他们如何做，他们告诉我如何思考，而不是我教给他们如何思考。"

　　良好的教学环境是对学生情知教学必不可少的一个重要条件。这就要求教师依据学生的心理特征、年龄特点和教材等因素，创造形象生动的学习环境，调动学生的多种感觉器官，全方位地参与，提高学生的学习兴趣，进行情知交融。教师向学生提出的问题将反映他们了解学生观点的能力。备课时，要充分考虑，围绕教学内容，如何创设问题情境，是针对材料、教师引导发现，还是教师提出、学生思考。对于问题的设计，备课时要认识到，教学的对象是学生，这节课要解决什么核心问题，基于学生认识发展的脉络，如何提出问题、构建问题，才能真正使学生看事物的视角拓宽。

　　这节课学习的重点是纸浮雕的特点及制作方法，基于学生对生活的观察、直接感受和体验，以情境的设置、问题的递进使学生进入学习的主题。不同类型的问题产生不同类型学生的反应，从而产生课堂互动，逐步解决教学的重点问题。

　　苏霍姆林斯基说："人的内心有一种根深蒂固的需要——让自己做一个发现者、研究者、探索者。"发挥学生的主体作用，能最大限度地调动学生的学习积极性。让他们主动发现、探究、思考，教师要起到引路人的作用。本课的导入以去北京旅游为切入点，先观察九龙壁，询问学生是否了解它的制作工艺。不少学生知道，这是用琉璃烧制而成的。有的也会回答不知道，可以直接告诉他们答案，并且让他们知道琉璃在过去是皇家专用物品，让他们产生课后探索的欲望。接着，感受浮雕的特点，问："这种呈现出凹凸不平的形象的艺术形式叫什么？"根据已知经验让学生概括浮雕的特点，为下一步学习打下基础。然后，欣赏人民英雄纪念碑等不同材料的浮雕作品，感受不同材料的美感，提出用纸也可以做出浮雕效果。

第一幅范画一定要起到惊艳的作用。在让学生对纸浮雕的美感大加赞叹之时，他们一定急于知道制作的技巧，也就产生了学习的热望。把纸浮雕作品按照人物、动物、静物、景物等题材分类欣赏，让他们感受到生活与艺术的丰富多彩。同时，通过设置一些问题，引导他们观察、分析、对比、研讨形象的处理、色彩的搭配、技法的运用，并反复强化纸浮雕在平面上具有凹凸立体感的特点。

对于制作技法的掌握，我设计了两个活动方式。1. 小体验（导入环节之后）。一张平面的纸，如何变成立体的形态？在三十秒之内，学生纷纷举手说出自己实验的结果，剪、折、卷、揉、重叠等。这样会让学生的第一感觉很放松，认为折纸是一件易事。2. 以不同类型的花的制作为例，选择了几种较为常用的技法，如切折法、曲面滚压法、平面重叠法、长条卷曲法。通过系列图片，让学生观察。设问：可以利用哪些工具，让制作的效果更加完美？学生比较容易观察出平面重叠法和长条卷曲法的制作工具和方法。对于切折法，学生能认识到借助小尺、圆规可以把线画得很规范，但认为凹凸感是直接用手折出来的。这时，就可以用演示法，用刀刻一条划痕再折，一条完美的线条就出现在他们面前。滚压法也是一样，让学生先观察调酒棒的特点，利用末端的球体沿边缘挤压出弧度。这种直观的演示可以加深他们的印象，快速掌握制作的要领。

自主不意味着完全放手，如何指导学生设计出有创意的作品是本课的难点。课堂练习是课堂教学的重要组成部分，可以检验学生是否掌握了纸浮雕的基本技法，是否能大胆创作，作品是否有美感和情趣。虽然在欣赏过程中经过对构图、色彩搭配、制作技法的分析，知道"别人"是通过什么样的方式进行创作的，但面对练习课题，部分学生还是一脸茫然。做什么？怎么做？教师要紧密围绕教学目的、重点和难点精心设计课堂练习，做到有的放矢，要注重方法的灵活多样。课堂练习的命题既要在学生掌握的知识和技能之内，又要体现出他们的想象力和创造力。教师组织作业的方式常常决定了学生能在多大程度上实现自主性和主动性。

我设计的练习内容为"圆的联想"。为了兼顾不同层次的学生，我采取了演示的方法，层层递进进行启发。

先出示一个剪好的圆形，问："用什么技法能让这个圆有浮雕感？"这是考察学生对技法的掌握，学生一般都会选择切折法和滚压法。接着联想："我们可以用这个圆做出什么形象？"学生马上会联想到生活中一些圆形的物体，如苹果、橘子、太阳等。这是先联系生活，以学生熟悉的景物为载体，让学生在实践活动中，更加关注生活中有趣的形象与事物，感受生活的丰富多彩，在学习中提高学生创造的自信心。

我把圆用来做蜗牛的壳，添加事先做好的头和身体按先大后小、先远后近的原则粘贴，边做边对学生进行温馨提示：要耐心细致，注意安全、卫生等问题，培养良好的工作习惯。

将做好的蜗牛粘贴到一个纸盘里，一个美丽的画盘就做好了。启发学生进一步联想，这个可爱的小蜗牛还可以放在什么地方做装饰？

学生回答：贺卡、手抄报、相框、提示板……

这样一来，学生就会将所学美术知识运用到生活中去。

教师的直观演示起到非常有效的指导作用，学生在教师范画的基础上发散思维。接下来，要求学生分组合作，每组一人以圆为基础造型设计制作一个纸浮雕形象，其他成员做内容有关联的形象，每个小组把做好的形象组合成为一个完整的画面，粘到底板纸或自制的贺卡、画盘上。

课堂不是教师一个人的表演，不是给学生一个任务，然后评价他们完成得多成功或者多失败，而是通过这个任务，观察他们需要多少和什么样的帮助，从而成功地完成任务。要做一个好的导演，让每个学生都参与其中、乐在其中。提出课题后，鼓励小组讨论，交流他们思考的结果。这样做，其实是为每个学生都提供了机会，使他们以不同的方式参与讨论，激发主动思考。我在这个过程中，鼓励他们尝试多种表现方法和工具，围绕任务确定自己的创作内容和方式。让学生做主人,主动探究形象的设计、色彩的搭配、构图的合理等问题,体现物以致用的思想,培养合作精神。

虽然学生的作品还显稚嫩,但通过纸浮雕这一媒介,让美术创造与生活相结合,使学生更加热爱生活,更加懂得艺术创造的价值。

四、汇总信息,书写教案

确定了教学方法,教师要考虑学生知识与能力的获得要经过哪些步骤和程序,每个环节需要的时间(一般按10+30模式或15+25模式,把更多的时间让给学生),如何让学生参与知识形成的过程中,如何掌握必要的获得方法,如何适时对学生进行情感、态度与价值观的渗透。

评价要贯穿于教学的全过程,计划在哪些地方评价哪些内容以及如何评价。这都是要在备课中考虑的。教师在教学流程的设计上要全力思考、精心谋划、巧妙设计。整个教学流程应始于教学目标而又归于教学目标。

五、及时反思,二次备课

尽管每次都精心备课,但在教学过程中总会有一些生成性的东西。这就需要教师具备一种反思的意识,不断地反思自己的教学行为,持续地追问自己:"哪些地方是精彩的?""哪些地方是不妥的?""当时出现的问题,我这样解决是不是恰当?""学生有什么样的收获?""我的教学有效吗?""有没有更有效的教学方式?"

美术学习不仅是一种单纯的技能技巧的训练,而应视为一种文化学习。通过学习,重视对学生思维的流畅性、灵活性和独特性的发展,最大限度地开发学生的创造潜能和实践能力。因此,本节教学活动就是让学生观察、思考、动口、动手、聆听,充分调动学生的学习积极性,激发学生的学习兴趣,培养学生的创新精神和创造能力,培养学生的综合能力和完美人格。

本课以课件展示大量精美的纸雕图片,提高了学生的艺术感知能力,意识到好作品的要素。通过对作品在生活中的应用的引导,使学生关注生活,感受生活与艺术的丰富多彩。教师的演示,可以使学生直观体会纸的立体造型方法,掌握制作的要领。纸浮雕作业受材料性能和技能技法限制,作业要求简练、大方,准确抓住物体特性,整体感和装饰性要强。在图案的教学中，教师教授图案的写生、夸张要有一定的变形，多数学生不一定能很快理解，但通过纸浮雕教学，便可以很快解决这一问题。对形象的夸张、变形、组合构成能力，也会有所提高。

活动设计采取了循序渐进的节奏，指引学生"融入情境——产生好奇——激发需求——排疑解难——激情创作——欣赏评价——成果体验"。整个过程环环相扣，激发兴趣，提供创作空间。通过对教学环境的营造，为学生提供表现自己的机会。关键是将所学美术知识运用到生活中去，鼓励学生尝试多种表现方法和工具，围绕任务确定自己的创作内容和创作方式。

在评价作品时，注重学生的自我评价，要求表述自己的思想过程和问题。在介绍作品的过程中，创作技能、思维能力和语言表达能力都得到综合运用。

不足之处在于课堂练习内容的设置上。由于害怕限制学生的思维，鼓励学生自主命题制作。但过于宽泛的命题实际上等于没有命题，会使学生陷于不知如何是好的地步。由于学生技法尚不纯熟，事先预想不足，在没有参考资料的情况下，难以激发想象力，个别人有无所适从之感，作业效果较差。在下一个班级，我修改了练习的内容。因为在制作技法的讲解上借助了花的造型，所以，我把课堂练习的主题设为"春之花园"。在大张绿色的底板纸上，我铺设好草丛、太阳，期待学生用他们制作的花朵来装点这个未来的花园。虽然效果不错，但学生在很短的时间内完成作品之后提出种种意见。比如，有要做动物的，有要做人物的，还有问这么大的作品要做什么用。这些意见让我感到在无意间禁锢了学生的思维。最后，我重新设计了"圆的联想"。用三步循序渐进的活动方式，先从最简单的技法开始练习，以简单的圆形启发想象，添加内容变化为各种形象，再把形象装饰应用到各种生活用品中。这种直观的演示让学生一目了然，在这个基础上可以举一反三。这样就大大降低了学生的畏难情绪，提升了学生学习的热情。从后来学生设计的作业来看，物体造型简练明快，概括夸张，整体感和装饰性更强，生活中的应用性也更强。

附：教学设计

教学目标：
1. 通过欣赏作品体验美感并了解纸浮雕的特点。
2. 学会纸浮雕的基本制作方法。
3. 能独立设计制作简单作品。
4. 关注生活，培养良好的工作习惯。

教学重点：
纸浮雕的特点及制作方法。

教学难点：
纸浮雕的设计。

教学过程

一、组织教学（稳定情绪，做好课前准备）

二、导入新课

课件《九龙壁》图片

教师：这是北京一个著名的景点，谁知道这图片中的建筑叫什么？

学生：九龙壁。

教师：是用什么材料做成的？

学生：琉璃。

教师：琉璃的烧制工艺非常复杂，在过去只有皇家才能享有。谁能看出这种艺术形式叫什么？

（启发：它的表面凹凸不平）

学生：浮雕。

教师：什么是浮雕？浮雕是雕塑的一种，是指在平面上用凹凸表现形象的雕塑，使之成为介于平面绘画和立体雕塑之间的一种艺术形式。

继续欣赏图片《美丽的传说》和《胜利渡长江，解放全中国》，说明其制作的材料为紫铜和汉白玉。

三、讲授新课

(一)由于上述材料制作工艺比较复杂，我们今天学习用生活中最易得的材料——纸来制作浮雕。

小探究：一张平面的纸，用什么方法能变成立体的形象？给大家30秒的时间，把手中这张白纸变形，看谁找到的方法最多。

学生争先恐后地举手，列举出卷、折、剪、叠等方法。

教师：大家发现的这些方法都是纸浮雕的基本制作方法。想使做工更完美的话，我们还要借助一些工具。

以各种花的造型为例，引导学生观察、思考，借助什么工具能做出各种效果。

1. 平面重叠法：将局部形象重叠粘贴，中间用泡棉胶增加厚度。

2. 长条卷曲法：用笔杆等工具卷出适当的弧度。

3. 切折法：将预留的折线用刀刃轻轻划出一道切痕，然后将纸沿着折线轻轻弯折。

4. 曲面滚压法：用调酒棒等物体的圆头在形象四周以绕圈的方式慢慢挤压出弧度。

（二）下面，我们来欣赏纸浮雕作品的美感。在欣赏的过程中，大家要注意观察纸浮雕在形象处理、色彩搭配等方面有什么特点。

根据每个画面提出具体问题，让学生在观察中解决问题。

小结：单色纸浮雕一般是在一张纸上用切折的方法完成的。根据纸的质地和色彩，可制作成仿石膏、仿木的效果。多色纸浮雕的色彩比较鲜明，形象多简明可爱。可用多种彩色卡纸剪出局部，再拼贴组合而成。

四、课堂练习

《圆的联想》

教师：(出示一个圆形)当我们看到一个圆形的时候，会想到哪些形象？

学生：苹果、橘子、太阳等。

活动1：用什么技法能让这个圆有立体感？

用切折法或滚压法做出圆的浮雕效果。

活动2：在这个圆上添加点形象，会变成更丰富的形象。

教师演示蜗牛的制作(圆用来做蜗牛的壳，添加事先做好的头和身体按先大后小、先远后近的原则粘贴)，边做边提示注意事项：安全；耐心；卫生。

教师：这个可爱的小蜗牛做好了！想想看，它可以应用在生活中的哪些方面？

教师把蜗牛粘到画盘上，启发学生进一步联想。

学生：贺卡、手抄报、相框、提示板……

活动3：学生分组合作，每组一人以圆为基础造型，设计制作一个纸浮雕形象，其他成员做内容有关联的形象。每个小组把做好的形象组合成为一个完整的画面，粘到底板纸或自制的贺卡、画盘上。(让学生做主人，主动探究形象的设计、色彩的搭配、构图的合理等问题，体现物以致用的思想，培养合作精神)

五、作品展示评价

各小组派代表展示作品，阐述创作思路，其他小组从构图、色彩、制作技法等方面加以评价。

六、小结

生活中的美需要发现的眼睛，更需要创造的双手。虽然今天我们的作品还显得稚嫩，但我相信大家会在今后用自己的灵思巧手把生活装扮得更加美好！

【评析】范老师虽然已工作十几年，有比较丰富的教学经验，但从她对待一节课反复推敲、琢磨的精神，看得出她是一位工作态度十分认真并勤于思考的老师。《纸浮雕》是一节设计应用课，新的课程标准更加注重美术课程与学生生活经验的紧密联系，发展创造美好生活的愿望与能力。范老师的这种备课方式既是一种探索，也符合新课标的要求，在授课的过程中能很好地体现情知教学的特点。通过《纸浮雕》一课的备课过程，可以总结她的备课主要有四个特点：

1.备教材。教材是重要的教学依据，但不是唯一的课程资源。教师不应只是书本知识的传授者，而应是课程资源的开发者。课业中的知识点课本中少有现成的标准答案，只是提供了相对直观的美术资料和文字线索。因此，在备课的过程中，学法指导成为教学教法的重点。如何设置情境、设置提问、引导学生关注本课知识要点，如何有效地组织学生进行探究性学习和合作学习,达到本课的各项教学目标,是范老师在备课过程中考虑最多的问题,也是教学过程中的难点。一个合格的教师要学会源于教材、超越教材。

2. 备学生。只有对学生的现状有所了解和掌握,才能找到适合他们的学习方法。比如,学生对待美术学习的态度、学习能力的高低、班级的学习风气等都会直接或间接地对学生的自主学习、合作学习的效果产生影响,而同样的教法与学法也会因不同的学生和班级反馈出不同的结果,这是实践中经常困扰任课教师的问题。范老师在安排知识点的难度和短期教学目标上,采取分层教学,做到有的放矢,以达到培养兴趣,提高全体学生学习美术的积极性和教学目标的达成,这一点是值得肯定的。

3. 备教法。针对学生的特点,在教法的选择上既要充分考虑围绕教学内容如何创设情境,又要想办法让学生参与到知识形成的过程中,本节课的教法设计充分体现了教师扎实的基本功和应变能力。在学生实践过程中,最需要教师帮助的时候,教师的及时点拨、恰当的指导可以使学生的学习得到事半功倍的教学效果。

4. 课后反思。有些教师不善于反思自己的课堂,课上完了便是教学工作的完成,忽视了课后的反思。其实,反思是教师提高的一个重要过程。对于一些即时生成性的东西或事先预想的不足可以及时改进、调整,对一些成功的探索可以作为经验总结。本堂课是在新课标精神指引下对新课标的教学理念和教学方法的实践与探索,通过对教材的实践,从学生的角度来说适当降低了技术难度,更好地引发学生的学习趣味性,但从教师的角度来说,则需要付出更多的技术层面的指导。只有认识到这个层面,任课教师才能对美术教学工作中许多新的挑战应对自如。(王国昶)

案例十六　快乐随行
——怎样优化设计一节心理活动课

马　婷

一、教材简析

六年级的学生能轻松快乐地迎接新的开始是本节课的主要目的。教学内容从心理测验、自我表述、彩色标记、助人自助等方面安排内容，引导学生由浅入深，逐渐调节自己不快乐的心情，掌握自我调节的本领。

二、学情简析

升入六年级的学生从心理、生理发展方面来说已经进入青春期，情感较为敏感，加之六年级课业负担相对于一至五年级有所加重，使得学生开学初面临新学期必将有不同心态，直接或间接地影响开学后的方方面面。学会减压，了解自身的情绪状态，调节情绪，释放快乐，是他们应该掌握的方法。将这些能使自己从不快乐中走出来的方法运用于日后的学习、生活中，对六年级学生来说尤为重要。

三、教学目标

知识与技能：

了解、掌握科学的减压方法、心理自测方法，运用科学有效的方法将自己带入快乐之中。能够用辩证的方法将自己带入快乐之中，能够用辩证的方法看待生活中的问题，理智地处理问题。

过程与方法：

运用多媒体演示、实际情景中体验、生生互动等方式开展学习、感悟。具体过程为：歌曲引入——心理测验(了解自我)——心理催眠(暗示法调节心态)——自我表述(制定快乐等级)——活动中感受快乐——抗挫练习(实践中运用)。

情感与态度：

在学习、活动中了解快乐、寻找快乐，建立乐观的心态。以客观的态度看待问题，调节情绪，在日后的学习、生活中能健康、乐观地看待问题，保持乐观心境，增强抗挫折能力。

教学重点和难点：

扶助学生掌握让自己快乐的方法。

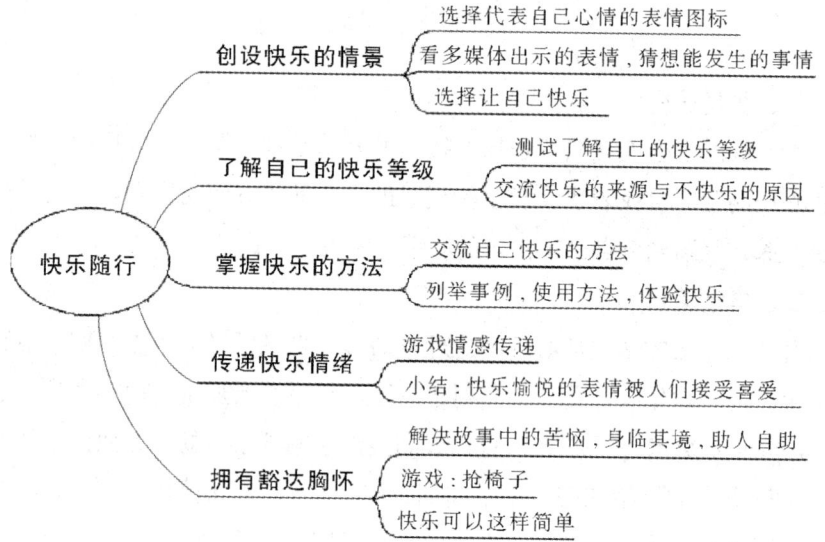

教学环节思维导图（使用 freemind 软件制作）

四、教学过程

（一）创设情景

1. 谈话。教师："新学期开始了，老师在开学的这一天观察到同学们的表情各不相同。"在黑板中展示不同的表情图表。

教师："请同学们分析一下，他们的表情表达了他们什么样的心理感受，可能发生了什么事情。"

学生活动：观看表情图，各抒己见。

【设计意图】通过学生的描述，教师可以了解学生的心态与可能发生在他们身上的事情。

2. 教师："新学期，你们希望自己是怎样的心情呢？"

学生表达自己的意图。

3. 合唱《快乐崇拜》，揭题：快乐的脚步。

【设计意图】每个人都有对快乐的渴望，无论他现在是否快乐，对未来都希望自己是快乐的。轻松快节奏的歌声可以感染人们的情绪，使人们心情愉快、情绪放松，为接下来的课程环节的进行奠定基础。

(二)深入探究

1. 教师："快乐到底离我们有多远呢？你快乐吗？让我们做个心理测验，了解自己的感受。"书中第一页，心理测验题。

教师指导语："请根据你一周内的情况，真实地回答书中问题，每道题用是或否来回答。"

2. 教师："结果没有好与坏之分。目的在于使同学们更加了解自己现在或最近是否快乐。前面三道题的回答倾向于'是'，后面四道题倾向于'否'，那么，你最近的情绪是快乐的。"

学生按要求核对自己的心态情况。

【设计意图】运用科学的方式使学生了解自己最近的情绪。

3. 教师："每一名同学的快乐来源与感受快乐的程度都各不相同，请你为自己制定一份快乐等级表。"出示等级表格。

等级	不快乐	一般	有一点开心	开心	十分开心
事件					

学生活动：根据表格提示，写出相关的事件，每一项可写出几个事件；交流自己的快乐等级。

【设计意图】回顾以往的生活，在生活中寻找快乐的来源及不快乐的原因。

4. 教师："快乐的心情不仅使人们感到生活的乐趣，而且能够促进身体的健康。我想，大家也同样希望自己分分秒秒都是快乐的，你有什么秘诀呢？"

学生活动：交流自己保持快乐的秘诀，如听音乐、站在高处向远处大声喊叫等。

(三)体验尝试：教师想学生推荐科学有效的方法

1. 自我暗示法：将自己想象成一个透明的玻璃水箱，体内的器官与血液都是透明的，只有紧张、担心、害怕等不好的情绪是有颜色的液体。想象，现在从头部开始，打开水箱的开关，将有颜色的液体释放出去。

学生活动：按教师的描述内容尽量想象。

2. 倾诉法：找好朋友、父母、老师倾诉不快乐，也可以把这种心情记录在日记本上。

3. 宣泄法：大声喊叫、奔跑、痛哭等。(可以让有需要的学生尝试)

4. 转移法：听音乐、打球、画画等。

【设计意图】如何保持快乐的心境，对六年级的学生来说很重要。正处于青春期的他们容易激怒，情绪敏感，甚至在与人交往中出现困难，造成不良心理。不良的心理问题得不到调整，将导致心理压力、疾病的产生。而上述科学的调节情绪的方法适合不同情感类型的学生，方法的介绍与体验从另一个侧面告诉学生：当我们遇到不愉快的时候，不能逃避或放任不管。应该积极调整心态，乐观地面对人生。

(四)游戏：情感传递

游戏规则：

1. 学生们围圈站立，闭眼。教师在圈外走，轻轻碰触一名学生的肩膀。这名学生就成为情绪携带者。其他学生睁开眼睛，尽可能地和其他人交谈。当有人与携带者交谈时，携带者就向这名学生眨眼。接收到信息后，被传染的学生继续将这个动作向其他人传递，每人至少传递给3人。

2. 在第二次传递中，传递笑容，和第一次的要求相同。但这一次，教师有意不选出笑容携带者。

活动中，教师应观察学生的表现，注意每一次需要的时间长短。游戏中，笑容的传递快于眨眼传递。

【设计意图】这个游戏需要全班学生参与。在参与的过程中，情感携带者积极地与他人沟通、交流，从另一个层面上也培养了学生的交往的能力。在第二次交流中，没有情绪携带者，每个人都变成了携带者，在感受到他人的笑脸的同时也同样会感受快乐，将快乐释放。从游戏中，帮助学生体会到快乐地与他人交往也会使别人快乐起来，意识到快乐在生活中的重要性。

(五)身临其境，助人自助

1. 阅读书中小故事《婆婆的烦恼》

学生活动：读故事，为婆婆出注意，想办法帮助婆婆快乐起来。

2. 游戏：抢椅子(椅子比人数少一个)。音乐声中，为椅子转圈。音乐停时，找椅子坐下来。

教师要注意学生在活动中的表情变化，及时询问有椅子坐的学生的感受，更要询问没有椅子坐的学生的感受，以及在抢椅子时发生推挤的学生互相间的感受。要时刻围绕"怎么能快乐"开展活动。

【设计意图】《婆婆的烦恼》故事中帮助婆婆换角度想问题，保持乐观心态从实质上是学生将生活中寻找快乐、调整心态的体现。在帮助别人的同时，提高自己处理问题的能力。而游戏抢椅子从他们的实际情况出发，生活中会出现游戏中的磕磕绊绊、互相争夺等情况。自己处理、解决问题就是将在本节课体验到的道理以行动表达出来的过程。

(六) 总结

教师："越来越多的同学感受到了快乐。如果生活中你能时刻保持快乐的心态，老师相信，再大的困难都压不倒大家。你是快乐的，我就是幸福的，也感谢同学们给我带来的快乐体验！"

教师感言：本节课不仅是学生调整自己已有的或课堂上出现的不快乐的情绪，更重要的是帮助学生掌握情绪调节的方法，能在日后的学习、生活中有所运用、有所收益。"治病不如防病"，防患于未然是心理健康课的主要目的。

教学反思：根据第一节课的内容，结合青春期学生的心理特点，观察到六年级的学生需要健康心理的引导。在青春期这一敏感的成长阶段，学生遇事往往逃避责任，容易激怒、冲动、钻牛角尖。掌握分析问题、处理问题的正确方法，树立健康、乐观的处事态度，是很重要的。如何了解自己的心态、怎样调节不愉快的心情、在面临实际问题时怎样用乐观的心态看待和处理问题等，都是青春期的孩子应该掌握的。在教学过程中，教师应本着中立的态度包容学生所表现出的一切做法，尊重学生情感的表达方式。心理教师的主要目标在于引导而不是教育。首先，引导学生在课程的体验过程中发现自己的不足，而不是由教师指出。其次，在轻松愉快的情景交流中，学生逐渐了解怎样做好一些，行为渐渐发生变化。作为教师不能急于求全，要留给学生自己感受、成长的空间,让他们按自己的特点发展。

五、板书设计

快乐的脚步

科学有效的调节方法:

1. 自我暗示法。

2. 倾诉法:找好朋友、父母、老师倾诉不快乐,也可以把这种心情记录在日记本上。

3. 宣泄法:大声喊叫、奔跑、痛哭等。

4. 转移法:听音乐、打球、画画等。

【评析】《快乐随行》的设计符合心理健康活动课的理念,尊重学生的个人状态,重视学生因为年龄特征而具有的独特的心境特点,从细节入手,有层次、有方法、有指导、有实践,科学而温暖地引领学生去找寻快乐的秘籍。相信通过这样一节课,每一名学生都会体验到快乐的感觉。整体评价为:本课设计是一节比较成型的、具有典型心理学科特点的优秀设计。

需要提醒注意的是本课内容很多,可能遇到不同班级、不同学生所生成的线索、角度、方向不尽相同,需要教师在掌握本课纲领的前提下,做好预判与机智调整内容的准备。尤其是在讨论设计快乐等级的时候,需要教师多加指导。(李贵贤)

参考文献

[1]期刊：《人民教育》；《中国教师报》；《教师报》；《小学语文教师》；《中小学管理》；《教学与管理》。

[2]网页：网易博客；豆丁网；中国教育资源服务平台；百度文库。

[3]图书

(1)蔡林深．教学革命——蔡林深与先学后教．首都师范大学出版社，2012.

(2)徐世贵．有效教学难点突破与教学对策．天津教育出版社，2012.

(3)徐世贵．名师备课与课堂有效性．重庆大学出版社，2011.

(4)徐世贵．教师快速成长的10个要诀．天津教育出版社，2010.

(5)徐世贵．新课程备课问题诊断与对策．天津教育出版社，2009.

(6)徐世贵．怎样听课评课．辽宁民族出版社，2000.

(7)吴正宪．吴正宪创造了孩子我们喜欢的数学课．国家文化出版社，2003.

后 记

对于课堂教学，笔者一向情有独钟，至今已有30多年的研究经历。教育发展历来有两个生长点：一是实践上的突破；二是理论上的提高。30多年来，笔者正是依循这样的宏观思路来研究课堂教学问题的。

从实践层面看，1983年至1987年，笔者在所任的中师班进行了心理学课堂教学方法的改革尝试；1987年至1995年，笔者在中学进行了非智力因素开发与学法指导的研究，开展了大面积提高教学质量的实验；此后的20多年里，通过教研、科研，坚持深入课堂，开展听课评课活动，并应邀在全国各地讲学，从未间断过对课堂有效性的研究。

从理论层面看，笔者撰写过《中小学应用教学论》、《素质教育与优化课堂设计》、《怎样听课评课》、《新课程备课问题诊断与问题解决》、《课程实施难点与教学对策》、《名师备课与课堂有效性》、《有效教学难点突破与教学对策》等专著，针对"怎样有效备课与优化教学设计"、"怎样提高课堂有效性"、"怎样听课评课"、"怎样优化课堂有效问题的设计"等核心问题进行了潜心研究。

本书正是在这些研究成果基础上进行的一种新的探索。本书不仅提供了有效教学的研究理论，而且精选了众多名师的课堂教学设计案例，是理论与实践的有机结合。希望能给老师们接地气的感觉，真正做到学以致用。

在本课题研究中，参考和吸纳了一些优秀教师和研训人员的研究成果。在此，对原作者表示最诚挚的谢意。因作者水平所限，加之编撰时间紧迫，本书可能存在一些不足，乃至错误，衷心希望各位专家和教育同仁不吝指教。

编 者
2014年6月